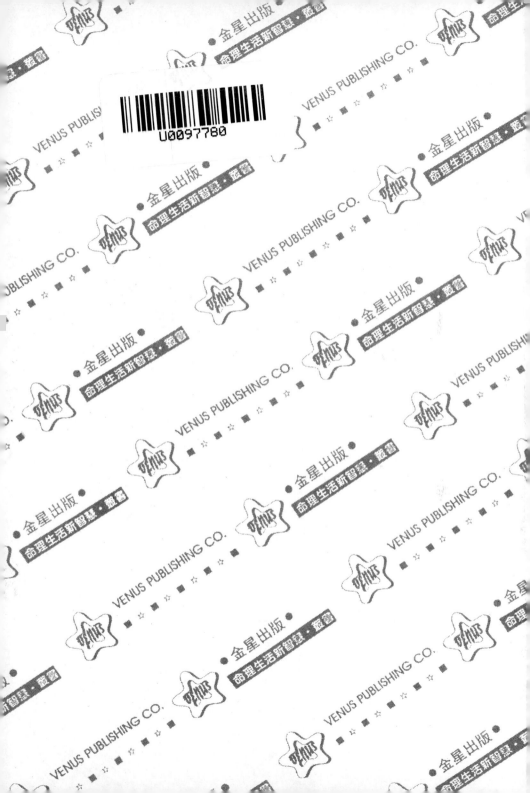

命理生活新智慧·叢書 128

紫微+風象星座

(雙子座·天秤座·寶瓶座)

算命更準

法雲居士◎著

金星出版社 http://www.venusco555.com
E-mail: venusco555@163.com

法雲居士網址：http://www.fayin777.com
E-mail:fatevenus@yahoo.com.tw

國家圖書館出版品預行編目資料

紫微+風象星座算命更準／法雲居士著，--臺北市：金星出版：紅螞蟻總經銷，2021年 [民110年] 第1版　面；　公分—(命理生活新智慧叢書·128)

ISBN: 978-986-6441-77-6（平裝）

1.紫微斗數　2.占星術

293.11　110000352

紫微+風象星座 算命更準

作　　者：法雲居士著
發 行 人：袁光明
社　　長：袁靜石
編　　輯：尤雅珍
出版經理：王璟琪
出 版 者：金星出版社
社　　址：台北市南京東路三段201號3樓
電　　話：886-2-23626655
傳　　真：886-2-23652425
郵政劃撥：18912942金星出版社帳戶
總 經 銷：紅螞蟻圖書有限公司
地　　址：台北市內湖區舊宗路二段121巷19號
電　　話：(02)27953656(代表號)
網　　址：www.venusco555.com
E-mail　：venusco555@163. com
fatevenus@yahoo.com.tw
法雲居士網址：http://www.fayin777.com
E-mail　：fatevenus@yahoo.com.tw

版　　次：2021年5月第1版
登 記 證：行政院新聞局局版北市業字第653號
法律顧問：郭啟疆律師
定　　價：380　元

ISBN：978-986-6441-77-6（平裝）

紫微＋風象星座　算命最準

序

這本《紫微＋土象星座　算命最準》是一套四本『星座加紫微』的書中之首冊。其他還有《紫微＋火象星座　算命最準》、《紫微＋風象星座　算命最準》、《紫微＋水象星座　算命最準》。

十二星座和紫微斗數看命的方法，同樣都是以人出生時、當時天上的星盤為主，來推論人之個性與命運前途的內容的。雖然各自的星曜名稱不一樣，但都是以出生日在黃道上的時間點做為依歸。以春分、夏至、秋分、冬至做為四個定點來分出春、夏、秋、冬的時序。人的性格和運氣會根據時序變化和環境影響而變化起伏。

紫微＋風象星座
算命更準！

這本《紫微＋風象星座　算命最準》講的是紫微命格的人又分別是雙子座、天秤座、寶瓶座的時候，會有什麼特殊的特質及思想，這是好還是壞呢？我們要如何利用本身性格及思想模式的優點，來建造屬於我們自己的成功人生呢？還可以在你結交朋友、尋找合作對象、應徵下屬人員、當你分析人性時，能做有利的參考，這就是這本紫微＋星座的書的最大目的與功能了！

《紫微＋風象星座　算命最準》，從每一星座（主要是以上升星座和命宮為主的星座）所對應的紫微十九顆星的命格相互影響的細微狀況，兼而影響到生命和環境對應的關係，繼而影響到人的命運。這本書都紀錄清楚，以供大家參考。至於其他的月亮、金星、木星…等，亦或是星盤中四大尖軸的上升、下降、天頂與天底在紫微中都會包括在星曜所含的意義之中，或在紫微命盤上的星曜出現的位置上。由此而相互印證命運的變化。

紫微＋風象星座（雙子座・天秤座・寶瓶座）

目錄

紫微＋風象星座 算命更準！

紫微＋風象星座 算命更準！

天秤座

紫微＋風象星座

算命更準！

紫微＋風象星座
算命更準！

寶瓶座

紫微＋風象星座
算命更準！

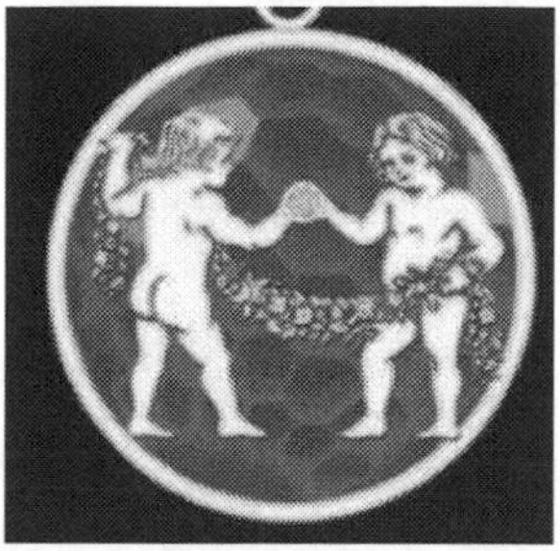

雙
子
座

（5月21日～6月21日）

雙子座・星座探秘

●**位次與主管事項**：位於第三宮。

主管兄弟姐妹、教育、交際狀況、旅行、語言能力、適應環境的能力等。

●**精神能力與特質**

具有適應環境的能力和自我表達、求知的能力。
性格明亮，有行動力。敏捷，擅長說話技巧。
雙子座的人交際寬廣，初次見面也能熱絡。
頭腦轉彎快速，好奇心旺盛，情緒轉換也快速。
喜歡自由，樂觀，不喜被束縛。喜歡的人，馬上進攻，縮短距離。不喜歡的就快速分離。
頭腦高速運轉，資訊解題能力是他人2倍。

性格有雙面性，非理性和理性並存，能隨機應變。

內心纖細，是不休息的人。愛操心，會精神衰弱

●**戀愛速配對象**

第一名：天秤座、獅子座
第二名：牡羊座、寶瓶座

●**誕生石及幸運色及飾品**

誕生石：瑪瑙
幸運色：黃色
幸運飾品：青銅製飾品、機械類。

●**幸運旅行國家及城市**

所屬國家與城市：美國、比利時、倫敦、舊金山。

紫微＋風象星座

（雙子座・寶瓶座・天秤座）

雙子座

（5月21日至6月21日）

雙子座＋紫微命格的人

命運特質

這個雙子星座的『紫微』坐命者生於氣候是小滿到夏至間的日子，在農曆四、五月間的夏日火旺之時，紫微屬土，故火土相生。土氣超旺。此命格的人，運氣佳，氣勢足，穩重、受人敬重。童時固執、保守、自信心強。生活富足、行動力強。很喜歡掌權，主導事物，是政治性強的人物。此人常表現力強。聰明、敏捷，有創造力。但此星座的紫微坐命者是人數極少的。

（雙子座・紫微）的人，表面穩重、內心急躁，內心同時想著幾件事要一起進行，一生操勞，無法停止。

戀愛運

（雙子座・紫微）的人，好奇心強與愛好自由，會找相同興趣的對象，也怕別人太黏他。他只獵取自己感興趣的對象。沒興趣的就斷然拒絕，不受威脅。你們都有魅力，是型男美女。有些高傲，先建立清爽關係，才能更進一步。

金錢運

（雙子座・紫微）的人，金錢運極佳。但理財能力未必好，會衝動購物，但能彌補過來，做公務員、薪水族或自營商，生活快活愜意。

事業運

（雙子座・紫微）的人，在事業運上很順遂，可做公務員或大機構上班。在創意企劃部門或管理部門，天天開會，口才技巧好，能抓住人心。能做主管，做旅行業、營業業務，廣播員，公司領導人，語言教學都很好。

健康運

（雙子座・紫微）的人，健康很好，偶而小感冒或腸胃、消化道的小毛病，但要小心心臟病、心血管疾病、高血壓、精神緊張等問題，或耳病、手足傷災。

磁場相合的星座與命格

（天秤座・天府）♥♥♥♥♥

（獅子座・武曲）♥♥♥♥

（牡羊座・天相）♥♥♥♥

（寶瓶座・貪狼）♥♥♥♥

不想與其溝通的星座與命格

（雙魚座・廉破）

（雙魚座・廉破）的人窮又囉嗦，（雙子座・紫微）的人，彼此看不慣。

雙子座＋紫府命格的人

命運特質

雙子座的『紫微．天府』坐命者，簡稱（雙子座．紫府）的人，生於氣候是小滿到夏至間的日子，在農曆四、五月間的夏日火旺之時，紫微與天府都屬土，故火土相生。土氣超旺。此命格的人會外觀穩重，財運特佳。工作打拼、做事聰明、認真，有創意，多變化。什麼事都想做，目標很多，至少會達成所設定一、二個成就。

（雙子座．紫府）的人，亦會在龍年及狗年有『爆發運』。能得大財富。此命格的人，求知性強，但未必有貴格，努力賺錢，運用特殊智慧及長才，利用人際關係來賺錢。

戀愛運

（雙子座．紫府）的人，性格急躁，雖然人際關係好，但怕人黏注他。你們對人有好奇心，喜歡有內容故事的人。你們會利用說話術的技巧，揪住你的愛慕對象的心。但後來才發覺彼此價值觀與性格差很多，你會斷然快速拒絕來往。

（雙子座．紫府）的人，婚姻多半不美滿，你容易孤獨。你常感覺得到，戀愛對象多半是為著你的交際能力及賺錢能力而來的，令你心涼了下來。

金錢運

（雙子座．紫府）的人，金錢運特

佳。因為你們勞心勞力喜歡工作，與對金錢的敏感力很強，還有爆發運可發。你們又會靈活賺錢和運用錢財。還會買房地產積蓄。財富很多。

事業運

（雙子座・紫府）的人，很有創意，又很操勞，不願休息，做創意多的店長或管理人員很好。你們適合做百貨業、旅行業、買賣業，廣告業或廣播業，能迅速入帳在口袋的行業。龍年、狗年有爆發運，可發大財。因為缺乏『主貴』格局，只宜多主富，賺錢的智慧還事非常好的，你們容易成為大富翁。

健康運

（雙子座・紫府）的人，健康很好。但必須小心膀胱、脾臟等問題。還有耳病。或淋巴系統的問題。也要小心乳癌，或生殖系統的毛病。

磁場相合的星座與命格

（天秤座・天府）♥♥♥♥♥
（獅子座・武府）♥♥♥♥
（牡羊座・廉殺）♥♥♥♥
（寶瓶座・七殺）♥♥♥♥

不想與其溝通的星座與命格

（天蠍座・武破）

（天蠍座・武破）的人陰險又財窮小氣，愛佔人便宜。（雙子座・紫府）的人拒絕來往，價值觀不同，彼此看不慣。

雙子座＋紫相命格的人

命運特質

雙子座的『紫微・天相』坐命者，生在雙子座，生於氣候是小滿到夏至間的日子，在農曆四、五月間的夏日火旺之時，紫微屬土，故火土相生。土氣超旺。天相福星屬水，雖受到剋制，可稍微滋潤一下。此命格的人，體面與復建的能力強，享福的力道弱，會操勞，心態猶疑不定。你們愛自由，不喜約束與規定多，遇事會閃躲。求知慾強，雖與人和善，會與人保持距離。注重隱私權。

雙子座的『紫相』坐命者，理想高超，什麼都想試一下，有時會不切實際，會隨時修正更改，速度很快。和上司、老闆不合的情形雖有，但你會閃躲忍耐。有一天就突然不幹了，那就是到極限了。你們的創造力及財運都好，成功機會是較強。

戀愛運

（雙子座・紫相）的人，有特殊的氣質，氣派，聰明、外型超佳、男的俊，女的美，體型也瀟灑挺拔。但你卻會躲避長輩。對於自己喜歡的對象會靠近觀察再追求，仍然是缺乏戀愛手段。但常常貼上來的是一些你看不上的人，又揮之不去，很讓你煩惱。你仍是以貌取人。婚後仍自由自在的過自己的日子，和人有距離感。即使配偶也捉摸不出你的心思。能各過各的，相安無事，就是最好的婚姻模式了。

紫微＋風象星座
算命更準！

金錢運

（雙子座・紫相）的人，財運超級棒。賺錢的機會有很多，且是高薪。亦會存錢。你們容易在混亂的環境中賺些意外之財。周圍要花錢的的方很多，常未必存得住。你們多半家中有些問題，需要你的幫忙。你喜歡生活享受，對自己多一點優惠。

事業運

（雙子座・紫相）的人，事業運上要靠不斷的經營規劃，才有發展。你們有遠大的理想，但變化的速度也很快。此命格的人，性格爽朗熱情，愛好新鮮與極富創造力的事與物。應變能力很好，口才也特佳。能把老舊或傳統產業發展出新氣象出來。是很好的創新與改革者。也是實力超強的富二代。

健康運

（雙子座・紫相）的人，在健康良好。但要小心糖尿病、淋巴癌及膀胱方面的毛病。或水道系統極血液的問題。

磁場相合的星座與命格

（天秤座・破軍） ♥♥♥♥♥

（獅子座・武相） ♥♥♥♥

（牡羊座・天府） ♥♥♥♥

（寶瓶座・廉貞） ♥♥♥♥

不想與其溝通的星座與命格

（雙魚座・廉破）

（金牛座・擎羊）的人都是針對金錢做計謀，（雙子座・紫相）的人害怕被刑財，彼此不對盤，彼此看不慣。

雙子座＋紫貪命格的人

命運特質

（雙子座・紫貪）的人，紫微屬土，貪狼五行屬木，其本命就有點相剋，生於雙子座，生於氣候是小滿到夏至間的日子，在農曆四、五月間的夏日火旺之時，紫微屬土，故火土相生。土氣超旺。貪狼也木火旺。所以此命格的人，熱情、風趣，人緣特佳，像一陣風，來去很快。此星座的『紫貪』坐命者，是超級獵豔能手，有迷人的身材，為人性感魅力強，一生運氣特佳。也容易有爆發運。但要小心因桃花誤事。

（雙子座・紫貪）的人，一方面瀟灑又亭亭玉立，一方面多招桃花是好色之人。你喜歡外貌與知識水準都高的人，未來情人與配偶都會幫你升官發財。表面上你的艷遇多，運氣在秋冬時期很好。但你內心始終與人有距離，沒有人會真正瞭解你。

戀愛運

（雙子座・紫貪）的人，艷遇會自己貼上來，你們本身是獵艷能手。但挑對象很龜毛，既重外貌，又重知性和學歷。最後會選擇一位對你最有幫助、經濟能力又好，性愛能力又強的人，來做佩偶。此命格的人有超高標準，缺一不行。主要也是以性慾為主的戀愛。

金錢運

（雙子座・紫貪）的人，理財能力需要加強的人，財運不太好。但多半有偏財運。你們賺得不多，花得卻不少，解決財運要找一個能理財的配偶。有爆發運的人才會有大財富，能解決部分欠債問題。也能享受一下財富的滋味。

事業運

（雙子座・紫貪）的人，做軍警業最佳，易升官。無法做文職。做文職會窮。你們雖受人喜愛，但工作運未必好，也會有是非糾紛，或有桃花官司之事。有爆發運的人能有升職之機會，亦會爆發財運。成為富翁。有貴格的人，能做官或企業負責人。

健康運

（雙子座・紫貪）的人，身體健康，但要小心高血壓、心臟病等，以及耳病、大腸的毛病、便秘、性病。

磁場相合的星座與命格

（天秤座・天府） ♥♥♥♥♥
（獅子座・天相） ♥♥♥♥
（牡羊座・武曲） ♥♥♥♥
（寶瓶座・七殺） ♥♥♥♥

不想與其溝通的星座與命格

（天蠍座・太陰）

（天蠍座・太陰）的人有公主病及王子病，難侍候，（雙子座・紫貪）的人，覺得太麻煩，懶得理他。

雙子座＋紫殺命格的人

命運特質

（雙子座・紫殺）的人，生於氣候是小滿到夏至間的日子，在農曆四、五月間的夏日火旺之時，紫微屬土，故火土相生。土氣超旺。七殺屬火金，故七殺是受剋的。此命格的人，愛學習新事物，會較勞碌。

（雙子座・紫殺）的人，是所有星座中爆發運最強的人。自然好運的時候也很多。你們神采奕奕，口才好，帶點驕傲的神情很吸引人。對於賺錢的事很積極努力奮發。討厭懶惰和無聊的事情和人，更討厭窮鬼上門，你會躲得遠遠的。你們少貴格，只有靠爆發運成就大事。

戀愛運

（雙子座・紫殺）的人，選擇配偶會挑選個性乖巧、懦弱的人。你們常以自我為中心，生於雙子座更是如此。喜歡另一半能聽話又不太黏於你。更喜歡一命令直達，而且能獨力完成交付的工作。你們的配偶多半是個子矮小不高。又唯唯諾諾的好好小姐或先生。

金錢運

（雙子座・紫殺）的人，財帛宮是『爆發運』格局，又生於雙子座，命格中帶火重，積極愛賺錢。會在牛年、羊年有超大的爆發運，能發富。天生財運較好，會養家人，或養配偶的家人。你們更有其他意外的財運，積蓄錢財很多。

事業運

（雙子座・紫殺）的人，在事業運方面，會非常忙碌，常做著一件工作，內心中還會同時計劃二、三件工作要接著做。也會同時做兩件工作，要一齊完成。你們會做品項雜亂或複雜的工作。他們喜歡有官位的工作。例如副理、經理或組長、主任之類。做文職較不富，會賺錢少。做武職（軍警職）、或勞力工作會升官發財。做房地產仲介，或保險仲介也不錯，只要是競爭激烈、勞心勞力的工作，都是成為富翁的機會。

健康運

（雙子座・紫殺）的人，身體強壯，骨骼硬挺。但要小心肺部、氣管、膀胱、尿道、眼目、淋巴系統、以及生殖系統的毛病。或乳癌、下腹部的問題。

磁場相合的星座與命格

（天秤座・天府） ♥♥♥♥♥

（獅子座・廉府） ♥♥♥♥

（牡羊座・天府） ♥♥♥♥

（寶瓶座・廉相） ♥♥♥♥

不想與其溝通的星座與命格

（天蠍座・擎羊）

（天蠍座・擎羊）的人陰險，又狠。（雙子座・紫殺）的人和他在一起，像兩把刀互磨，無法相合，彼此看不慣。

雙子座＋紫破命格的人

命運特質

（雙子座‧紫破）的人，生於氣候是小滿到夏至間的日子，在農曆四、五月間的夏日火旺之時，紫微屬土，故火土相生。土氣超旺。破軍屬水。火水相剋衰弱。故此星座的『紫破』坐命者，脾氣不好，衝動，又大膽、有時懶洋洋。雖肯打拼，驕傲，常處於做做停停的階段，與趣來時會有開創格局，但乏味時會放棄的狀態。

（雙子座‧紫破）的人，因為被火剋制又缺水，紫微的復建能力也不算好。破軍的開創能力狠差。三分鐘熱度，人生起伏大。又常對四周環境不滿。你們好奇心強，什麼都想試試，花費多，生活放縱，經濟壓力大。

（雙子座‧紫破）的人，賺錢與理財能力都欠佳，會欠債。本身雖吝嗇，會把錢花在自身的享受上。

戀愛運

（雙子座‧紫破）的人，表面上是戀愛獵人的高手。但並不想真正結婚負責任。而且運氣常不好，你們會在自以為的愛情漩渦中打轉。但多次婚姻紀錄，會讓你們心智成長。你們的感情世界，總是高高低低很辛苦，不順利。

金錢運

（雙子座‧紫破）的人，是同命格

中偏財運較多的人。生於丑、寅、未、申的時間才可能有偏財運。你們多半是藍領階級的人，賺辛苦錢。你們的理財記帳能力不佳，愛花錢，喜買精美超貴的物品。在花錢方面不計較，因此常鬧窮。

事業運

（雙子座・紫破）的人，在事業工作方面，適合走政治圈或軍警業，能升到高職位。投資與理財與計帳的能力不佳，若要做生意，必有敗局。易家破人亡。你們也常做沒有職稱的工作，做勞力多的工作，如開砂石貨車等，會收入好。若有文昌或文曲在命、遷二宮，其人就會長相美麗斯文，易做文職，會是『窮儒』的人，既無事業，也無錢財了。

健康運

（雙子座・紫破）的人，年輕時身體健康，中年後有病，要小心肺部、糖尿病、脾臟、胃病，或淋巴系統的毛病。

磁場相合的星座與命格

（天秤座・廉相） ♥♥♥♥♥

（獅子座・武相） ♥♥♥♥

（牡羊座・天相） ♥♥♥♥

（寶瓶座・天梁） ♥♥♥♥

不想與其溝通的星座與命格

（雙魚座・機梁）

（雙魚座・機梁）的人口舌是非多，又情緒化。（雙子座・紫破）的人怕招惹，彼此看不慣。

雙子座＋天機命格的人

命運特質

（雙子座・天機）的人，天機五行屬木，生於氣候是小滿到夏至間的日子，在農曆四、五月間的夏日火旺之時，木火相生。極為聰明，學習能力強，也容易有貴格『陽梁昌祿格』。性急衝動，勤奮，長於讀書和競爭，會有大成就。

（雙子座・天機）的人，超喜歡變化，富於創造力的人。性格忽喜忽憂。終身運氣也會上下起伏。命格中無貴格的人，會自作聰明，做一般的上班族。此命格的人雖聰明但不適合從商，你們不耐固定與乏味的工作，無法勤奮上班。你們總以為固定的上班模式，這樣就是勤奮了。還好你們有多金的父母照顧，生活無虞。

戀愛運

（雙子座・天機）的人，是隨遇而安、隨機碰到的戀愛獵人，在路上偶而碰到的、談得來的對象將之狩獵為愛情對象。你們會找性格夠寬容，能若即若離，有點黏又不太黏的對象，這樣才會有戀愛感覺。通常怪異行徑的反復試驗，之後才會結婚。你會帶著豐厚家財來結婚的。神經質的你們和獅子座的人很相合，也會過得快樂的。

金錢運

（雙子座・天機）的人，在財運上

穩定。既有多金的父母，供給金援。又有高等知識及職位賺錢，你們從不為錢愁。此命格的人偏財運也略多。父母給的遺產也多。一生靠父母及高職位退休金生活無虞。

事業運

（雙子座・天機）的人，在工作運上，只是大企業工作或公務員職位，是個薪水族。雖喜歡變化，但不想太辛苦。或做教師、職員、或在家族事業中工作，是生平無大志的人物。只喜歡變法子玩。

健康運

（雙子座・天機）的人，身體健康，會有手足傷，和頭臉有破相。但要小心肝、腎、肺部及大腸、膀胱的毛病。也要小心性無能的問題。

磁場相合的星座與命格

（天秤座・太陽）♥♥♥♥♥
（獅子座・巨門）♥♥♥♥
（牡羊座・天梁）♥♥♥♥
（寶瓶座・機巨）♥♥♥♥

不想與其溝通的星座與命格

（雙魚座・武曲）

（雙魚座・武曲）的人性格剛硬、情緒化，討厭愛耍小聰明的人。（雙子座・天機）的人常被罵，彼此看不慣。

雙子座＋機陰命格的人

命運特質

（雙子座・天機、太陰）的人，生於氣候是小滿到夏至間的日子，在農曆四、五月間的夏日火旺之時。天機屬木，木火旺。太陰屬水，夏季較弱。此命格的人，喜歡東跑西跑，是個驛馬超強的人。其人生會不安定。喜歡出國。喜歡人生有更多不同的變化。常搬家、換工作，或到各地旅遊，還可能其人的身份也常變化。你們更加聰明，隨之運氣的變動更大，和人的距離會若即若離。

（雙子座・機陰）的人，是一會兒陰、一會兒晴，情緒變化快速。做事也三心二意，意見變化也快的人。此命格的人做上班族較好，不適合做老闆。比較不必負太大的責任。有貴格的人，會到世界各地讀書或工作，衣錦還鄉。但車禍傷災要多小心！

戀愛運

（雙子座・機陰）的人，戀愛變化多。喜歡找不同類型的異性戀愛。常更換戀人。你們是善變又具有王子病及公主病的人，最後你們還是能找到能容忍你們的配偶。你們大多選太陽或天同坐命的人來戀愛或結婚。因為這兩個命格的人較麻木，會隨便你怎麼變、怎麼折騰，都能奉陪。而且罵不還口，打不還手。忍耐力超強。還能隨著你們東奔西跑到處玩，到處體驗，是天生的好跟班、好搭檔。

金錢運

（雙子座・機陰）的人，是薪水族的財運。必須要固定上班領薪水才行。若父母有金錢支助，會生活愜意。不能做生意，會失敗收場。此星座的人做軍警業也很好，或做到處巡察的督察，錢財順利。

事業運

（雙子座・機陰）的人，工作多半是熟人或長輩介紹的。你們容易有貴格，能得到高學歷，及高薪工作。升職、升官都會有貴人照顧。但不能成為企業老闆。常因變換工作或業種跨行，或東跑西跑的，常歸零從新開始，事業運難以累積。

健康運

（雙子座・機陰）的人，健康很好，但要小心胃部、脾臟、膀胱、肺部的問題，以及性生活方面、車禍的問題。

磁場相合的星座與命格

（天秤座・太陽）♥♥♥♥♥

（獅子座・天同）♥♥♥♥

（牡羊座・天同）♥♥♥♥

（寶瓶座・巨門）♥♥♥♥

不想與其溝通的星座與命格

（金牛座・廉殺）

（金牛座・廉殺）的人頑固吝嗇又脾氣壞，（雙子座・機陰）的人愛花錢，彼此看不慣。

雙子座＋機梁命格的人

命運特質

（雙子座・天機、天梁）的人，天機屬木，天梁屬土，本身就木土相剋，生於氣候是小滿到夏至間的日子，在農曆四、五月間的夏日火旺之時，天機木火旺，，天梁土被木剋，但在夏天，復建的力量弱中增強。此命格的人超聰明，人緣佳，喜為人出主意，但不負責。

（雙子座・機梁）的人，口才好，善辯，喜變化工作做上班族，不喜太多負責任的事。此命格的人有些蔭庇，能得長輩及上司、老闆的喜愛。他們很靈活，不易被騙或吃虧。只是半年運氣好、半年運氣壞，但會有超強爆發運的命格。有貴格的人，會有大成就。

戀愛運

（雙子座・機梁）的人，很靈活，愛說話，也喜歡口才好，能相互輝映的人。他們是戀愛獵人，會主動狩獵愛聊天的對象。也會躲避太囉嗦的人。但婚後仍是吵吵鬧鬧的過日子。金錢問題發生時，就會吵到分手。

金錢運

（雙子座・機梁）的人，是固定的上班族收入的人。有貴格的人，會有高薪收入好。平常時間有意外之財，父母、上司有時會給錢或給加班費。命格中有固定在牛年、羊年的『武貪格』爆發運，會一夜致富。蔭庇強的話，有家產可分。

一生都生活富裕。

事業運

（雙子座・機梁）的人，是『機月同梁』格，薪水族的人。性格靈活，不愛負責任，但會衝動，偶而與起要做生意的念頭，會和人合夥而吃虧倒閉，因此不適合自己開業。在家族企業上班，也變來變去，容易工作不長久，或行動力不強。你適合做與口才有關、動口不動手的工作。例如訓練員工、銷售員、會計等。如果有化權在命宮的人，或有貴格的人，會管理公司，職位會增高，成就也大。

健康運

（雙子座・機梁）的人，健康很好。但要小心脾胃的毛病，以及肝膽、手足傷、臉面有破相等問題。也要小心火氣大、腸部便秘、糖尿病的問題。更要小心車禍及傷災問題。

磁場相合的星座與命格

（天秤座・太陽）♥♥♥♥♥
（獅子座・巨門）♥♥♥♥
（牡羊座・太陰）♥♥♥♥
（寶瓶座・太同）♥♥♥♥

不想與其溝通的星座與命格

（天蠍座・廉貞）

（天蠍座・廉貞）的人個性豪放、愛表現，（雙子座・機梁）的人希望找到幽默、善於談心的密友，相互沒有交集點，彼此看不慣。

雙子座＋機巨命格的人

命運特質

（雙子座・天機、巨門）的人，天機屬木，巨門屬水，生於氣候是小滿到夏至間的日子，在農曆四、五月間的夏日火旺之時，天機木火旺，巨門水火相剋。此命格的人，頭腦靈活、智慧高、個性古怪變化多，但有時熱情的人。容易有『陽梁昌祿格』的貴格，會具有高學歷及極高成就。在學術機構發展、或做武職軍警業，也能做公務員，可任高官。家世背景好。

（雙子座・機巨）的人，口才好，是非不算多，他會躲，主要缺乏貴人，必須全靠自己辛苦努力。不過其人的成就也會很高。

（雙子座・機巨）的人，無貴格的人，會打工維生，成就不高。機巨坐命的人必須具備高知識水準，人生才會成就高、過得好。

戀愛運

（雙子座・機巨）的人，是變來變去古怪的戀愛獵人，你喜歡精挑細選對象，但口味又常變化。常更換情人。你們固執於自我設限的條件，不喜歡對方太黏、或根本不黏。常會挑剔情人的穿著、行為舉止，讓戀人受不了而分手。戀愛運不佳。

金錢運

（雙子座・機巨）的人，是薪水族

的財運，智慧水準很高，工作上能得高薪，常會用經濟學或數學方法來賺錢理財，但你們對投資方面很保守。你們會注重名聲和安逸生活。

事業運

（雙子座．機巨）的人，是固定工作的薪水族模式。喜歡做公務員、教書或大企業上班，或軍警業。你們超聰明又能吃苦，稍微打拼努力，就能成功。但必須要有名聲，其事業才會增高。如果在虎年或猴年有『火貪格』爆發運的話，爆發運會發得大，能名揚四海。

健康運

（雙子座．機巨）的人，健康很好，很強壯。但要小心淋巴系統、血液系統或膀胱、尿道、腎臟、糖尿病、脾臟、肺病、氣管炎、大腸疾病或地中海貧血等問題。

磁場相合的星座與命格

（天秤座．天同）♥♥♥♥♥
（獅子座．太陰）♥♥♥♥
（牡羊座．日月）♥♥♥♥
（寶瓶座．空宮）♥♥♥♥

不想與其溝通的星座與命格

（寶瓶座．廉貪）

（寶瓶座．廉貪）的人脾氣不好、更情緒化，變化無常。（雙子座．機巨）的人發現他更難纏，真是屬於不同世界的人，彼此看不慣。

雙子座＋太陽命格的人

命運特質

（雙子座・太陽）的人，太陽屬丙火，生於氣候是小滿到夏至間的日子，在農曆四、五月間的夏日火旺之時，夏天的火，太陽極旺。此命格的人，有火辣辣的感覺。性格衝動、自信心強、直爽，聲音大，也大咧咧的。聰明、智商高、命運特佳，長輩運好。奮發力強，易勞碌，成功的機會多。

（雙子座・太陽）的人，吃軟不吃硬，容易原諒別人。內心是正直、坦白而少心機的人。理財能力差，命宮中有貴格的人，會有高學歷及大事業。命宮中有『化權』的人。屬於財官雙美的人。對男性有支配力，能掌權及主導政治。

戀愛運

（雙子座・太陽）的人，是爽朗又陽剛氣重，雖有很多桃花運及艷遇，但你們會對可能的對象搞曖昧，吊對方味口，顯示自己的魅力與戀愛手段。其實你們也知道要找一個可靠的配偶。你們會晚婚，因為拿不定主意。婚後也會覺得乏味。某些外遇的人在外尋求愛情。那是因為對配偶的愛情已變為家人，毫無新鮮感了，不過，你會很快回家。

金錢運

（雙子座・太陽）的人，最容易做

公務員，領薪水之資。或大企業上班族的薪資。你們很聰明不喜做生意。每月的金錢運很穩定。生時年月都木火旺的人會有家財（父母或祖先留的財產），生活富足。生時年月相剋的人，要自己打拼賺錢，較辛苦。

事業運

（雙子座・太陽）的人，較勞碌。其工作運會與口才有關。例如做教育界、教師、廣播員宣傳員、或政府官員等。一生事業有高有低。此命格的人怕與是非沾邊，須先有名聲，才能有大事業、得大富貴。

健康運

（雙子座・太陽）的人，身體健康，要小心高血壓、心臟病，以及腦中風等的疾病。有些人要小心糖尿病和高血脂、及膽固醇過高的毛病。

磁場相合的星座與命格

（天秤座・天梁）♥♥♥♥♥
（獅子座・天同）♥♥♥♥
（牡羊座・太陰）♥♥♥♥
（寶瓶座・巨門）♥♥♥♥

不想與其溝通的星座與命格

（雙魚座・武破）

（雙魚座・武破）的人膽大妄為，又裝可憐，（雙子座・太陽）的人吃悶虧，不想跟他鬥，看不慣他。

雙子座＋陽梁命格的人

命運特質

（雙子座・太陽、天梁）的人，生於氣候是小滿到夏至間的日子，在農曆四、五月間的夏日火旺之時，太陽屬火，故極旺。天梁屬土，會火生土多。故此命格的人會性格急躁，較悶，有時超聰明，有時超笨。命格缺水。

（雙子座・陽梁）的人，很勞碌，表面看事業心強，會東忙西忙，但不一定有成果。庚年生及辛年生的人有化權或化祿，事業成就會很大。

（雙子座・陽梁）的人，命格中有貴格的人會有高學歷與成就。沒有貴格的人，打工賺錢過日子。

戀愛運

（雙子座・陽梁）的人，你與人是若即若離的，既主動又被動。你會對自己喜歡的戀人吊味口，吊上後又若即若離，導致對方的抱怨。你們喜歡胸大又愛碎嘴撒嬌的人。

金錢運

（雙子座・陽梁）的人，財運特好，會與房地產及銀行有關。父母雖對你們兇，但會有一些房產給你們。或是幫你找到高薪的工作。生活輕鬆快樂。若命格中有貴格的人，會賺四海揚名的錢。也會做薪資不錯的公務員。

事業運

（雙子座・陽梁）的人，天生聰明，但對事業不用心，你們並不在乎職位高低的稱謂，只希望出大名、做大事。通常照顧弱勢族群做慈善事業最好，或是做養生事業、教師，替人解惑。命宮在酉宮的人，適合開國術館。或算命術士。

（雙子座・陽梁）的人，官祿宮是空宮，命格中有貴格，文昌又居旺，會有高學歷及揚名四海的機會。有貴格但文昌居陷的人，也會有高學歷，但會從事運動、體育行業，揚名也不久。

健康運

（雙子座・陽梁）的人，身體不錯，但要小心脾胃及大腸、肺部的問題，高血壓、腦血管的問題、或糖尿病、皮膚病。丑時、巳時、未時生人要小心癌症。

磁場相合的星座與命格

（天秤座・天同）♥♥♥♥♥

（獅子座・巨門）♥♥♥♥

（牡羊座・太陰）♥♥♥♥

（寶瓶座・同巨）♥♥♥♥

不想與其溝通的星座與命格

（雙魚座・廉破）

（雙魚座・廉破）的人喜歡裝腔做勢，（雙子座・陽梁）的人和他像兩羊互牴，彼此不認同。

雙子座＋日月命格的人

命運特質

（雙子座・太陽、太陰）的人，生於氣候是小滿到夏至間的日子，在農曆四、五月間的夏日火旺之時，太陽屬火，夏日極旺。太陰屬水，會乾枯。此命格的人，是個陽剛氣重一點，柔軟度略輕的人。容易急躁衝動，但聰明，對工作有熱誠、有理想。也可能好高騖遠。

（雙子座・日月）的人，性格較開朗，但思想更加變化反覆，情緒也更加有起伏。不過工作運勢較佳。

（雙子座・日月）的人，因為太陰弱，錢財不多，會不想做固定薪水族。故錢財不豐，計算能力也不佳。

戀愛運

（雙子座・日月）的人，會有辦公室戀情。你們工作時期並不長，但外型俊美，魅力十足，很吸引人。但你們會若即若離，最後能找到合意於你們條件的對象。

（雙子座・日月）的人，是愛恨分明的人。愛情很強烈，恨起來也易入骨。常因辦公室戀情，而另找工作。

金錢運

（雙子座・日月）的人，財運是薪水族標準財運。因為本命火多，勞碌又財窮，父母也不富，生活起伏不定。金水年會叫富欲，火土年較窮。雙子座的人較聰明，用創意賺錢，生活過得去。

事業運

（雙子座・日月）的人，較勞碌，工作會滿檔，奮發力強。唯一是缺乏貴人。命格中有貴格的人，會有高學歷，能教書或做專門學術研究，生活較平順。此命格的人，愛音樂，也能成為演奏家。沒有貴格的人，勞碌一生，對人生和事業無企圖心，也無成就。

健康運

（雙子座・日月）的人，身體尚可，但要小心有膿瘡之症。還要小心血液的濃度太濃。或血液中有雜質。要小心一切與血液有關的問題。例如地中海型貧血問題。要小心手足痠痛的問題。

磁場相合的星座與命格

（天秤座・太陰）❤❤❤❤❤
（獅子座・天同）❤❤❤❤
（牡羊座・天相）❤❤❤❤
（寶瓶座・同巨）❤❤❤❤

不想與其溝通的星座與命格

（雙魚座・廉貞）☃

（雙魚座・廉貞）的人性格很假，暗地使絆子，（雙子座・日月）常上當受害，與他不合，彼此看不慣。

雙子座＋陽巨命格的人

命運特質

（雙子座・太陽、巨門）的人，生於氣候是小滿到夏至間的日子，在農曆四、五月間的夏日火旺之時，太陽屬火，極旺。巨門屬水，故相剋衰竭。此命格的人，較較勞碌愛東跑西跑，好像奮發，但做不出什麼事。說話也不好聽。對人易閃躲。遇到他自己感興趣的事，會參一腳。常瞎忙。口舌是非嚴重。

（雙子座・陽巨）的人，如果有太陽化祿、太陽化權在命宮的人，會在工作或財運上有成就。其人也會有能力成就。有巨門化權或巨門化祿的人，因巨門居陷缺水，會是廢話多、好高騖遠的人。易引起混亂是非與禍端。其人好爭強鬥狠愛競爭，命格中有貴格加『天刑』加祿星的人會做法官。

（雙子座・陽巨）的人，因火重，身體較弱，命盤上空宮多，再加上廉破和天相陷落兩個衰運，人生有一半時間在衰運中。所幸有爆發運，但也要非常的努力才會成功。

戀愛運

（雙子座・陽巨）的人，生於雙子座，外型好，魅力強。本命有陽剛氣強，喜歡主導愛情，選擇自己喜歡對象加以追求。你們喜歡口才好、能聊天的對象，也會找到溫柔體貼的配偶。

金錢運

（雙子座・陽巨）的人，是火多勞

碌，愛瞎忙，財、官二位都弱的人，做薪水族較好。家中不富裕，你必須打拼來賺錢。牛、羊年有爆發運，可發富一下。其他日子，你會瞎忙過日子，財來財去非常明顯。

事業運

（雙子座・陽巨）的人，工作運還好，但會東跑西跑，很勞碌。有貴格的人會有成就。有天刑加祿星的人會做法官。一般人會做保險經紀、老師、律師、解說員、教育訓練員、接線生、司法人員、醫護員。

健康運

（雙子座・陽巨）的人中年以後要小心病痛。要小心膿瘡之症、開刀、淋巴系統的毛病、或大腸癌、肺部、消化系統潰爛、高血壓、心臟病、惡性貧血，腎弱等。

磁場相合的星座與命格

（天秤座・同陰） ❤❤❤❤❤
（獅子座・太陰） ❤❤❤❤
（牡羊座・天同） ❤❤❤❤
（寶瓶座・天相） ❤❤❤❤

不想與其溝通的星座與命格

（天秤座・貪狼）

（天秤座・貪狼）的人喜歡講求公正公平，（雙子座・陽巨）的人廢話多，不被理會。相互沒交集。

雙子座+武曲命格的人

命運特質

（雙子座．武曲）的人，因為是生於氣候是小滿到夏至間的日子，在農曆四、五月間的夏日火旺之時，武曲屬金，生於夏天火旺之時，火剋金，其人會腎臟較弱，較勞碌。喜歡工作賺錢，性格上喜歡新奇與旅遊，外國事物。因此會知識水準高。學歷也較高。

（雙子座．武曲）的人，熱情又冷淡，對新奇又有興趣的事很熱情。對太黏的人很冷淡。喜怒哀樂易表現出來。做事動作迅速及勤奮。個性剛強。

（雙子座．武曲）的人，天生有很強的『武貪格』爆發運，能發富。命格中有貴格的人，會事業有成就，能創建大企業。沒有貴格的人，一般生意人或軍警業者。

戀愛運

（雙子座．武曲）的人，本身是戀愛獵人，尋找有幫夫運或幫妻運的人做情人或配偶。因此情人或配偶的工作能力或家世會在考察之列。不喜歡配偶會依賴他們生活。中年以後他們會熱心宗教，對戀愛很淡泊。

金錢運

（雙子座．武曲）的人，財運極好，賺錢輕鬆，但他們喜歡一面玩一面做事的方式去賺。天生對金錢敏感，但理財方法較笨拙，要多運用聰明在理財上，會儲存到財富。你們擁有爆發運的時間在龍年、狗年，金水年和火土年，都有人爆發大財富。

事業運

（雙子座・武曲）的人，事業運很強，常自己做老闆。若從事軍警職亦能升高官。夏天生的人爆發運強，你們又肯幹，會極容易升到富翁。命格中有貴格的人，能創建大企業。一般此命格的人也會做生意人。即使做軍警業的人也會財官雙美。因為雙子座的好運特強，故此命格的人成功者也多。

健康運

（雙子座・武曲）的人，表面健康，實質稍弱，要小心肺部、支氣管炎、大腸和消化系統的問題，大腸癌、糖尿病及泌尿系統、膀胱等問題。

磁場相合的星座與命格

（天秤座・廉相）♥♥♥♥♥

（獅子座・紫府）♥♥♥♥

（牡羊座・貪狼）♥♥♥♥

（寶瓶座・武貪）♥♥♥♥

不想與其溝通的星座與命格

（雙魚座・擎羊）

（雙魚座・擎羊）的人很會哭窮、又會脅迫人，（雙子座・武曲）的人害怕被刑財，價值觀不同，彼此看不慣。

雙子座＋武府命格的人

命運特質

（雙子座・武曲、天府）的人，生於氣候是小滿到夏至間的日子，在農曆四、五月間的夏日火旺之時，武曲金在夏天被剋，天府土在夏天生旺。因此此命格的人生於雙子座，較勞碌，會存錢，賺錢能力不算強，在得財方面會被減弱。儲蓄能力較好。也會更吝嗇小氣。

（雙子座・武曲、天府）的人，命中有貴格的人較少，無貴格的人多。喜歡做公務員或一般上班族。雖一生為生活奔忙，但會自由自在過自已喜歡的享受生活。他們有好學精神，也喜歡精神上的享受，會有宗較信仰或不同於一班人的知識愛好。

戀愛運

（雙子座・武府）的人，婚姻運依然不好。你們會聰明，口才好，有魅力，但會找到和你們價值觀不同的對象。婚後讓你們很痛苦。一生有多次婚姻。你們聰明總被聰明誤，性格又剛直，感情容易受傷。如果能稍忍讓一點，也可白首。

金錢運

（雙子座・武府）的人，須要營謀，財運才會好。你們天生勞碌。外在的環境辛苦。很喜積攢錢財。雖然你們對錢財謹慎。賺錢辛苦，會埋頭營謀賺錢的事，但變化多。必須辛苦經營才能積存到財富。你們是終身為錢財勞碌奔命的人。你們也是連小錢也會賺的人。

事業運

（雙子座・武府）的人，工作運運氣很好，能找到安穩又賺錢的工作。有些和衣食業有關，很能堅持去打拼。有時做公務員，有些在大企業機構，有時自己經營工廠或小生意。性格並不保守，卻不喜投資，生意做不大。若命格中有『火貪格』的人，會發大財，成為富翁。命格中有貴格的人較少，能靠此成就大事業的人也少。

健康運

（雙子座・武府）的人，身體健康，但要小心肺部、氣管炎、心肺功能和膀胱、生殖系統、大腸癌、脾胃的毛病，也怕乳癌、下半身寒涼、腹痛等毛病。

磁場相合的星座與命格

（天秤座・七殺）♥♥♥♥♥
（獅子座・破軍）♥♥♥♥
（牡羊座・紫相）♥♥♥♥
（寶瓶座・天同）♥♥♥♥

不想與其溝通的星座與命格

（巨蟹座・機梁）

（巨蟹座・機梁）的人愛閒聊與倚老賣老，（雙子座・武府）的人怕被黏和訓話，彼此看不慣。

雙子座＋武相命格的人

命運特質

（雙子座・武相）的人，生於氣候是小滿到夏至間的日子，在農曆四、五月間的夏日火旺之時，武曲金在夏天受剋，天相屬水，也受剋虛弱。此命格的人，會聰明的時候很靈光，感覺無趣的時候懶洋洋的，常提不起勁來。你們喜歡享福，卻很勞碌，常忙個不停。

（雙子座・武相）的人，主要以衣食享樂為主。不關心成就大業的事。若命格中有貴格，會做與百姓生活有關的官員。人生層次較高。無貴格的人，只是小職員或衣食類的生意人，平凡一生。有武曲化權在命宮的人，賺錢與花錢能力都強。但與女性關係不佳。

戀愛運

（雙子座・武相）的人，會晚婚或不婚。原因是不了解異性，又缺少戀愛的手段。雖然雙子座有魅力，又是戀愛獵人，你們會對告白後的對象若即若離，常讓人不了解狀況。有些人會黏著你，多半是靠你享福的窮人。因此，你常找到不富裕的配偶，一生為生活奔忙。

金錢運

（雙子座・武相）的人，財運馬馬虎虎，手中有稍許現金，衣食普通。並不專心拚命賺大錢。你們的父母多金，會有家產留給你，所以你是生活無虞。不須要多發奮。常會懶洋洋的享受衣食之樂，但喜歡學習。

事業運

（雙子座・武相）的人，工作運不錯，努力認真的話，可做企業老闆或主管。你們天生喜歡衣食，可做此類生意的老闆。但常愛瞎忙的時間多，真正有效打拼的時間不長。生於雙子座的人有時對某事很衝動勞碌，賺錢卻不多，秋冬時節會財運與事業會順利一些。

健康運

（雙子座・武相）的人，身體還算健康。但都要小心脾胃的毛病，糖尿病、火氣重、常感冒、肺部、支氣管炎、大腸癌、便秘、心血管疾病、高血壓等。

磁場相合的星座與命格

（天秤座・天同）♥♥♥♥♥

（獅子座・破軍）♥♥♥♥

（牡羊座・紫相）♥♥♥♥

（寶瓶座・武府）♥♥♥♥

不想與其溝通的星座與命格

（天蠍座・天機）

（天蠍座・天機）的人愛耍小聰明又陰顯，（雙子座・武相）的人不想應付，彼此看不慣。

雙子座＋武貪命格的人

命運特質

（雙子座・武貪）的人，生於氣候是小滿到夏至間的日子，在農曆四、五月間的夏日火旺之時，武曲金在夏天受剋，貪狼屬木，木火旺。此命格的人，有超出常人的運氣。可是此種好運氣並不一定在財運上，可能是工作運、讀書運、或戀愛運，因為財運有點被剋。是故你的人生都非常順利。

（雙子座・武貪）的人，爆發運超強，出生日靠近金牛座的人爆發運超強。有貴格的人，能升官發財。或做大企業集團老闆。但此命格的人雖有爆發力、會大起大落。爆發運在牛、羊年。

（雙子座・武貪）的人，家庭、事業、配偶運都好，好運不斷。

戀愛運

（雙子座・武貪）的人，脾氣超古怪，會晚婚。他們喜歡自己挑情人及配偶，是名符其實的戀愛獵人。等他認定了戀愛對象，很難改變。他的眼光超準，配偶也會是理財能力的高手。

金錢運

（雙子座・武貪）的人，性格吝嗇，工作運超好，賺錢容易，但不會理財，配偶有理財能力，會幫他存錢。牛、羊年的爆發年，會大發財富。兔、雞年是爆落年，上下變化。雙子座的億萬富翁人數較多。雖然貪狼主運氣不主財。但打拼力加爆發運很厲害。若有三個大運連續好時，億萬富翁就非他莫屬。

事業運

（雙子座・武貪）的人，工作運極佳，很勞碌。喜歡東奔西跑，爆發運在牛、羊年，先爆發在事業上得財，事業擴充，愈做愈大，再轉而發大財。你們喜歡投資，也大膽投資，並且期待爆發運的降臨，你們能超越別人而成功的原因。命格中有貴格的人，事業會是國際級的大企業。

健康運

（雙子座・武貪）的人，身體極佳。但要小心肺部、支氣管炎、大腸、消化系統的問題，以及心臟病、高血壓，頭痛症。還有四肢酸痛的問題。

磁場相合的星座與命格

（天秤座・紫殺）♥♥♥♥♥
（獅子座・天同）♥♥♥♥
（牡羊座・太陰）♥♥♥♥
（寶瓶座・武曲）♥♥♥♥

不想與其溝通的星座與命格

（雙魚座・巨門）

（雙魚座・巨門）的人口舌非多又愛挑人毛病、會嫉妒人，（雙子座・武貪）的人，討厭是非纏身、及常暗地被害，彼此看不慣。

雙子座＋武殺命格的人

命運特質

（雙子座・武殺）的人，生於氣候是小滿到夏至間的日子，在農曆四、五月間的夏日火旺之時，武曲金在夏天氣弱受剋，七殺也屬金，也受剋。此命格的人，聰明、衝動，有時懶洋洋。但會做事勞碌。命格中有貴格的人，也會衝出一片天，事業有成。

（雙子座・武殺）的人，喜歡自由，脾氣剛毅。必須極力打拼才會有成就。坐命卯宮的人成就較好。酉宮坐命的人成就較差。坐命卯宮的人運氣較好，在命格中有『日月居旺』格局。

（雙子座・武殺）的人，從武職（軍警業）會有高官厚祿。做文職較窮。你們雖聰明但理財能力不好。按步就班的工作生活，會漸有出息。

戀愛運

（雙子座・武殺）的人，戀愛運極好。也會找到明事理、能當好幫手的配偶。感情世界很穩定。你這個愛情獵人很幸運，一眼就看到自己喜歡的對象而認定了。對方也跟你心心相印，相互扶持的過一生。

金錢運

（雙子座・武殺）的人，財運不很好，手邊錢財很少。你必須外出爭戰打拼才有財富，因此沒有外出努力打拼就沒有功勞錢財。做文職的人，薪資不豐。因此你們會吝嗇小氣，捨不得花錢，生活節儉，你們天性純良，常會被人騙去大筆金錢而悔恨。不過大運好時，也會有房地產及存款。

事業運

（雙子座・武殺）的人，工作運特佳，會打拼別人不能做的事。有貴格的人，努力辛苦、可做到高級官員或將領的職務。你們看重的是名聲和功勞，清高不看重錢財，奮力追求高官、高職位為人生目標。

健康運

（雙子座・武殺）的人，健康不錯。但要小心膀胱、大腸癌、生殖系統、及下腹部寒涼的問題。女性也要小心乳癌、卵巢、子宮等問題。男性要小心輸精管、尿道、攝護腺等問題。

磁場相合的星座與命格

（天秤座・天府）♥♥♥♥♥

（獅子座・紫破）♥♥♥♥

（牡羊座・紫府）♥♥♥♥

（寶瓶座・武府）♥♥♥♥

不想與其溝通的星座與命格

（雙魚座・機巨）

（雙魚座・機巨）的人情緒化，犀利及知識化的辯才厲害，（雙子座・武殺）的人難招架，彼此看不慣。

雙子座＋武破命格的人

命運特質

（雙子座•武曲、破軍）坐命的人，生於氣候是小滿到夏至間的日子，在農曆四、五月間的夏日火旺之時，武曲金在夏天受剋，破軍屬水氣弱被吸微弱。此命格的人，身體會較弱，有時懶洋洋。外型帥氣挺拔，有酷酷的魅力。

（雙子座•武破）的人，是性格有些衝動、本身是開創格局，生在雙子座，愛自由，不喜受束縛。你適合做武職軍警業能運用聰明建造大功業，也能得到獎金。但會即早退休。做文職會窮困，較難出名。除非有貴格才能有出頭天。

（雙子座•武破）的人，人生總有一破，雙子座的此命格，會破在身體或感情。因為火多傷身，易生癌症。感情也易多變，有宗教信仰能平復心情。

戀愛運

（雙子座•武破）的人，自己體態俊美，也喜歡美麗的人，是外貌協會的人。你們對自己的感情不瞭解，常和人有露水姻緣。是二婚、三婚的人。你們天生是愛情獵人，也經常成為別人的獵物，你們經常有美麗戀情。要找到靈魂伴侶過一生並不容易。

金錢運

（雙子座•武破）的人，財運不豐。武職軍警業有固定薪水，可供花用。

做體力活能賺較多的錢。若有『火貪格』、『鈴貪格』偏財運的人，會有大財富，但會婚姻不美。因為會人生大起大落很明顯。並且婚姻不長久。配偶古怪。

事業運

（雙子座•武破）的人，事業運特佳，會做大膽、冒險、特別體力付出的工作。或危險、智力付出的情報蒐集人員。做軍警業可做大官及最高領導人。適合拓展業務、或為辛苦危險的救難工作。做文職做不長，會不按牌理出牌，做出出格的事，會常換工作。做體力活及危險的工作能賺大錢。

健康運

（雙子座•武破）的人，還算健康，要小心糖尿病、脾胃、內分泌及淋巴系統的病症、大腸癌。結石、傷災及車禍等。

磁場相合的星座與命格

（天秤座•天相）♥♥♥♥♥
（獅子座•紫府）♥♥♥♥
（牡羊座•紫相）♥♥♥♥
（寶瓶座•廉府）♥♥♥♥

不想與其溝通的星座與命格

（雙魚座•陽巨）

（雙魚座•陽巨）的人廢話太多，（雙子座•武破）的人受不了，會逃走或打架，彼此看不慣。

雙子座＋天同命格的人

命運特質

（雙子座‧天同）的人，生於氣候是小滿到夏至間的日子，在農曆四、五月間的夏日火旺之時，天同五行屬水，夏天水火相剋，故氣弱。此命格的人，是外表溫和，聰明衝動，有時懶洋洋。肝腎較弱，容易勞碌。

（雙子座‧天同）的人，不能太勞碌，才會福氣多。有些人因愛玩勞碌，會消耗身體，使壽命減少。此命格的人命運主軸以『享福』的多寡為重要。享福包括財福，財福多的，生活品質好。財福少的，較窮，也易壽命不長。你們容易多遭是非口舌，常很有耐心去解決。這是福星的天生本能。命格中有天同化權的人，能主貴及主宰一切。更可當上高官顯貴。

戀愛運

（雙子座‧天同）的人，是戀愛獵人，你們喜歡自己選擇的美麗聰明的對象。你們很害怕被人黏上，或被人要脅，被控制，你們會與愛人保持距離，即使做夫妻，也不會把心裡話坦誠說出。更擔心有恐怖情人會威脅著你。你的戀愛是若即若離式的。

金錢運

（雙子座‧天同）的人，財運順暢，有些人會有父母長輩給錢生活。某些人自己工作賺錢。你們力行『事少、錢多、離家近』的信條，是薪水族格局，偏重生活玩樂享受。

事業運

（雙子座・天同）的人，普通人會做薪水族。有『天同化祿』的人，天生人緣好，有人會送錢上門，做業務推廣的工作也好。有『天同化權』的人，可做老闆。是別人送給你做的，這是『黃袍加身』的命格。能調解糾紛，能成為掌權的合夥人。不過你得有能力經營才行。命格中有貴格的人較會做教師、高知識層級的人。你們不喜被拘束，喜歡更多的休閒時間。

健康運

（雙子座・天同）的人，大致健康，但要小心肺部、支氣管炎、大腸、免疫能力下降、糖尿病、皮膚病、肝腎、腰痠背痛、四肢無力等問題。

磁場相合的星座與命格

（天秤座・天相） ♥♥♥♥♥

（獅子座・天府） ♥♥♥♥

（牡羊座・天梁） ♥♥♥♥

（寶瓶座・同梁） ♥♥♥♥

不想與其溝通的星座與命格

（天蠍座・太陽）

（天蠍座・太陽）的人對工作看重及認真，（雙子座・天同）的人雖溫和、愛玩，容易被挑剔，彼此看不慣，會相互指責。

雙子座＋同陰命格的人

命運特質

（雙子座•天同、太陰）的人，生於氣候是小滿到夏至間的日子，在農曆四、五月間的夏日火旺之時，天同和太陰五行屬水，生在夏季，水火相剋故氣弱。故此命格的人，特別聰明、衝動，也會懶洋洋，會勞碌，身體弱。你們喜談戀愛。又時常和人保持距離。雙子座的同陰坐命者很有魅力，會吸引追求者來戀愛。但你們很挑剔，會選擇獵物。在戀愛上會若即若離。

（雙子座•同陰）的人，命格中有貴格的人，會有較成功的人生。女的能嫁貴夫，男性能娶貴妻，能有富貴。此命格的人，丑、未年還有偏財運，普通人也能大發。

戀愛運

（雙子座•同陰）的人，聰明又喜歡戀愛，會運用戀愛技巧來改變人生。你們有時做戀愛獵人，有時願易被狩獵。因為你們的成功人生及財富也常來自戀愛及配偶。故而要把握戀愛機緣，是創造你們成功人生的鑰匙。

金錢運

（雙子座•同陰）的人，原本財運是是按月得財的薪水族的格局。有些人做公務員，職員。有些人在企業上班，還有做小三的，也領工資。你們全部都在牛、羊年有爆發運，能多得財富。平常會有富裕的長輩及親友資助你金錢。生活無虞。

事業運

（雙子座・同陰）的人，工作運是上班族的格局。做公務員或職員領薪水過活。如果命格中有化權、化祿的人，可擁有成功事業。有貴格的人，可成為政府官員。有『馬頭帶箭』格的人，能做大將軍，威震沙場及法官、法務部長。

健康運

（雙子座・同陰）的人，身體健康。要小心肝腎的問題、眼睛不好，肺部及大腸問題。以及手足之災，還有傷風感冒、膀胱、乳癌、生殖系統的問題。

磁場相合的星座與命格

（天秤座・太陽） ♥♥♥♥♥
（獅子座・機梁） ♥♥♥♥
（牡羊座・陽梁） ♥♥♥♥
（寶瓶座・巨門） ♥♥♥♥

不想與其溝通的星座與命格

（雙魚座・同巨）

（雙魚座・同巨）的人很會哭窮，扯是非，（雙子座・同陰）的人怕麻煩，少沾惹，彼此看不慣。

雙子座＋同梁命格的人

命運特質

（雙子座•天同、天梁）的人，生於氣候是小滿到夏至間的日子，在農曆四、五月間的夏日火旺之時，天同五行屬水，水火相剋故氣弱。天梁屬土，在夏天火土相生。故此命格的人，本命是土蓋住水。身體稍弱。表面上是聰明的，但易是懶洋洋，會東忙西忙的瞎忙，奮發努力的時間少。

（雙子座•同梁）的人，愛聊天。有時又與人有距離。在寅宮坐命的人，天梁居廟，能得到蔭庇，生活不錯。在申宮坐命的人，天梁陷落，只顧自己享福，財運不好。是非多。

（雙子座•同梁）的人，喜歡表現自己的聰明才智，但無法真正對人有貢獻。

戀愛運

（雙子座•同梁）的人，喜歡聰明能做事的對象。自身是戀愛獵人，喜歡親自選擇及捕獵心儀對象。因為他們希望少奮鬥二、三十年，會找財力好、會賺錢的對象做配偶。婚後，仍是喜歡繼續狩獵戀人的人。

金錢運

（雙子座•同梁）的人，財運是普通薪水族格局。家境不富裕，父母是公務員或打工族，但你會向外找外援的對象或朋友，希望能增加財富。或得到配偶的財富。

事業運

（雙子座•同梁）的人，做多變化或移動的工作較好，靠聰明變化工作，較有前途。做發明家、教書、或做旅遊業、銀行職員。你喜歡聊天，也喜歡有辯才的人，但責任感不佳，難當大任。做主管的助理也不錯。你們不可自己開店或設立公司，以防半途而廢，或倒閉關店。

健康運

（雙子座•同梁）的人，身體健康，但要小心脾胃的毛病、腎虛、糖尿病、免疫能力失調、大腸、及肺部、氣管炎、感冒等疾病。

磁場相合的星座與命格

（天秤座．太陰） ♥♥♥♥♥

（獅子座．天機） ♥♥♥♥

（牡羊座．太陽） ♥♥♥♥

（寶瓶座．巨門） ♥♥♥♥

不想與其溝通的星座與命格

（金牛座．廉貞）

（金牛座•廉貞）的人是愛賺錢又強硬的人，不喜歡浪費時間。（雙子座•同梁）的人愛閒扯、牽拖、拉關係，彼此看不慣。

雙子座＋同巨命格的人

命運特質

（雙子座•天同、巨門）的人，生於氣候是小滿到夏至間的日子，在農曆四、五月間的夏日火旺之時，天同和巨門都是五行屬水，水火相剋，故氣弱。此命格的人，會身體稍弱，會多花錢看病。你們外表聰明，是非口舌多。

（雙子座•同巨）的人，很會變換花樣玩樂。喜歡旅遊，天生好奇心重。家中只有父母對你們好，會照顧你們。工作能力不強。坐命丑宮的人，能有高薪的配偶來對你好。此命格的人一生毫無成就。有貴格『陽梁昌祿格』及『明珠出海』格的人，會有高成就與較富貴的人生。（※『明珠出海』格請參考法雲居士所著《使你升官發財的『陽梁昌祿格』》一書。）

戀愛運

（雙子座•同巨）的人，很會戀愛，是超級戀愛獵人，既會狩獵戀愛對象，找到長期飯票。又特別會談情說愛。特別會哄人，還會結交顯貴朋友，故而更會找到高薪的好對象。只是配偶依然是個薪水族，生活順利。

金錢運

（雙子座•同巨）的人，喜歡玩樂享福。父母及配偶提供錢財生活。如果遇到生活有起落，必須自己打工賺錢，因財帛宮是空宮，官祿宮是天機居平，算是是薪水族模式。你們工作很難長久，會斷斷續續，或打零工賺錢，錢財是不豐裕的人。

事業運

（雙子座・同巨）的人，沒有事業運，會做打零工或臨時幫忙性質的工作。也會做沒有職稱的工作。因為喜愛玩樂，工作常馬虎，常遭人檢舉或詬病，會被辭掉。你們只能做簡單的工作，或作旅遊業、遊樂園員工、門房、大樓管理員、倉庫管理等工作。有貴格的人會地位高。

健康運

（雙子座・同巨）的人，身體健康也差。年輕時還好。中年以後要小心內分泌有問題、淋巴系統的病症，或心臟病、膀胱、腎臟、生殖系統的開刀手術。

磁場相合的星座與命格

（天秤座・太陰） ♥♥♥♥♥

（獅子座・紫府） ♥♥♥♥

（牡羊座・天機） ♥♥♥♥

（寶瓶座・太陽） ♥♥♥♥

不想與其溝通的星座與命格

（天蠍座・武曲）

（天蠍座・武曲）的人財氣逼人，又精於算計，很驕傲。（雙子座・同巨）的人巴結不上他們，嫉妒與自卑，彼此看不慣。

雙子座＋廉貞命格的人

命運特質

（雙子座・廉貞）的人，生於氣候是小滿到夏至間的日子，在農曆四、五月間的夏日火旺之時，廉貞屬火，生於雙子座火更旺。此命格的人，會脾氣大、氣勢強旺，聰明多智謀、愛競爭，好打拚，凡事注重謀略。會記恨並暗中報復。個性剛烈，凡事會思考很久，做決定慢吞吞。內心險詐，每天都活在經營謀劃之中。如果有文昌居旺同宮或相照的人，是富而好禮的人。如果有文昌居陷同宮或相照的人，是低俗無品口出穢言的人。

（雙子座・廉貞）的人，主觀強，對政治積極參與，財運超佳，很多人易有爆發運。事業運也極佳。有貴格的人，會事業有成就。

戀愛運

（雙子座・廉貞）的人，是強勢的戀愛獵人。會獵捕心儀對象。不管對方是否對自己有興趣，一定要追到手。但本身缺乏情趣，常會讓戀愛對象失望。他們注重性愛關係，達到目的後，很快離開。更可能公事私事同時進行，毫不浪費時間。

金錢運

（雙子座・廉貞）的人，財運極

佳。因為善於營謀計劃，更會經營人脈、拉攏關係來創造財富事業。此命格的人，性格衝動，富於行動力，既能理財，又會積存財富，故中年時期便能主富。

事業運

（雙子座•廉貞）的人，事業運也極好。你們對政治敏感積極，深懂利用政治力量賺錢容易。有貴格的人會成為政治強人或大企業老闆。一般普通人會做小商人。或做機關的主管。自古命書留傳說他是公門小吏的人才。現今可當政府中級官員。

健康運

（雙子座•廉貞）的人，身體康健，很耐操。但要小心肝腎和消化系統的毛病。要小心糖尿病、胃病、以及血液太濃或其他血液問題，常捐血會健康。

磁場相合的星座與命格

（天秤座•紫微）♥♥♥♥♥
（獅子座•天相）♥♥♥♥
（牡羊座•武府）♥♥♥♥
（寶瓶座•貪狼）♥♥♥♥

不想與其溝通的星座與命格

（射手座•同梁）

（射手座•同梁）的人好玩不懂政治及賺錢。（雙子座•廉貞）的人覺得他沒用，彼此看不慣。

雙子座＋廉府命格的人

命運特質

（雙子座•廉貞，天府）的人，生於氣候是小滿到夏至間的日子，在農曆四、五月間的夏日火旺之時，廉貞屬火，生於雙子座火更旺。天府屬土，火土相生，也很旺。此命格的人，營謀能力及經營關係較強，賺錢及存錢能力都極強。

（雙子座•廉府）的人，具有外交能力，會用交換條件的方式，和人做政治性的聯盟來共創財富。他們又能打破一般世俗觀念來賺錢。一生忙著在於賺錢。總是配偶運不佳，會找到價值觀不同的配偶，有多次婚姻。但和父母、兄弟的感情頗佳，子女乖巧無用。此命格的人不容易有貴格。追求財富是一生的幸福。

戀愛運

（雙子座•廉府）的人，戀愛多不順。本身是戀愛獵人，喜歡炫耀錢財找對象，容易找到愛錢、愛享受又價值觀不同的情人或配偶，無法相知相惜到老。會二婚、三婚。老年時孤獨。

金錢運

（雙子座•廉府）的人，財運極佳。會賺錢又會存錢。更愛享受精品，美食。你們有謀略賺錢。手上現金多，但家中財庫錢少，也會房地產留不住。你經常把錢財放在別人名下，也可能要不回來。

事業運

（雙子座・廉府）的人，事業運極佳，愛賺錢也愛享受。可做政治業、銀行業、金融業、保險業都會成功。你們有蔭庇，年長的長輩朋友會照顧你們。你們專心致力在賺錢，在政界做人物，也在於增加財富。此命格的人少有貴格，而是先富，再買官而主貴。但最終的目的是賺更多的財富。若財富不多的人，會做公門小吏公務員。

健康運

（雙子座・廉府）的人，身體健康。但要小心手足之傷、肝腎毛病、子宮、輸卵管、輸精管、攝護腺等問題。也要小心血液及車禍傷災的問題。

磁場相合的星座與命格

（天秤座・武相） ❤❤❤❤❤
（獅子座・紫微） ❤❤❤❤
（牡羊座・陽梁） ❤❤❤❤
（寶瓶座・七殺） ❤❤❤❤

不想與其溝通的星座與命格

（雙魚座・天機）

（雙魚座・天機）的人情緒多變，又愛浪漫，（雙子座・廉府）的人無法招架，不想侍候別人，感情模式不同，彼此看不慣。

雙子座＋廉相命格的人

命運特質

（雙子座‧廉貞、天相）的人，生於氣候是小滿到夏至間的日子，在農曆四、五月間的夏日火旺之時，廉貞屬火，生於雙子座火更旺。天相屬水，被剋，氣弱。此命格的人，勞碌較多，愛東跑西跑，無法享福。人生變化多。外表忠厚的人。內心聰明性急。

（雙子座‧廉相）的人，本命就是平復紛爭、人禍的。你們表面溫和，能公平的處理事務，可調解人世間的敵對關係。他自身的財運及工作運都比兄弟和朋友好，能排解紛爭。長輩特別鍾愛他。他一生順利，還有爆發運，生活舒適。配偶會抱怨一些，但也能白首到老。是個雖東忙西忙，但好命的人。

戀愛運

（雙子座‧廉相）的人，雖聰明、有魅力，但對異性不甚了解，也做不成戀愛獵人，只在親友間或同事間尋找對象，不會討好配偶，也無戀愛技巧，讓配偶生氣。要多磨練夫妻相處之道，老年才會幸福。

金錢運

（雙子座‧廉相）的人，財運很佳，會賺錢。但不喜投資。能做賺錢的工作來增加財富。會做金融業，或百貨業。你們能在辰、戌年的爆發財運，能得到大財富。你們更會存錢，也想做為小銀行或金庫。

事業運

（雙子座・廉相）的人，夫官二宮形成『武貪格』。是事業運、工作運就在爆發運上，只要流年走到龍年、狗年，就會有事業要爆發的大好機會。又生於雙子座火旺之時，爆發力很強。能得到大財富，成為大富翁，事業可沖天！

健康運

（雙子座・廉相）的人，大都身體健康。但要小心手足之傷，肝腎、火旺的毛病。大腸癌、糖尿病、免疫能力較差，以及血液的問題。地中海型貧血等。命宮有擎羊同宮或相照的人，有『刑囚夾印』格，會有免唇、傷殘，需要多次開刀手術。

磁場相合的星座與命格

（天秤座・武曲） ♥♥♥♥♥
（獅子座・紫府） ♥♥♥♥
（牡羊座・天相） ♥♥♥♥
（寶瓶座・天梁） ♥♥♥♥

不想與其溝通的星座與命格

（雙魚座・巨門）

（雙魚座・巨門）的人，情緒化嚴重，演技一流。（雙子座・廉相）的人無法明白，如何被誣賴，會立即衝突相槓，彼此看不慣。

雙子座+廉殺命格的人

命運特質

（雙子座‧廉貞、七殺）的人，生於氣候是小滿到夏至間的日子，在農曆四、五月間的夏日火旺之時，廉貞屬火，生於雙子座火旺。七殺屬金，火金相剋較弱。此命格的人，性格暴躁衝動，營謀多，打拼力不強，常懶洋洋。

（雙子座‧廉殺）的人，性格愛自由，與人關係不太好。有『廉殺羊』在命格中的人很兇，喜與人競爭，易與人衝突，對自己也有傷害。

（雙子座‧廉殺）的人，命格中有貴格的人，會有事業、地位，財官皆美。本命身體稍差。你們有堅忍的性格，也好競爭，堅持努力，成功在即。此命格的人受父母蔭庇，大多有家財，可居富。

戀愛運

（雙子座‧廉殺）的人，喜歡自己找對象，是真正的戀愛獵人，就算相親找對象，也能找到成為好幫手的配偶，會幫你打理一切事務。你們感情很平和講理，也會相互扶持，配偶很聽話、會白首到老，此情不渝。

金錢運

（雙子座‧廉殺）的人，財運極佳，既節省又會賺錢。你們不怕工作辛苦艱難，能多賺到錢財就行。髒亂、危險的工作也會做，能得到高薪就好。從武職會賺得多，文職較窮。

事業運

（雙子座・廉殺）的人，會做雜亂、危險、髒亂、易受傷或衝鋒陷陣、急救災難的工作。既辛苦又勞碌，職位低。有些會高薪，卻易喪命。做武職軍警業最佳，再有貴格，能成為大將軍。做文職會錢少地位不高。作文職即使有貴格的人，也會不富裕。

健康運

（雙子座・廉殺）的人，身體表面不錯。但要小心心臟病、血液的毛病，血液有雜質或惡性貧血等等。還有肺部、大腸、膀胱、乳癌、子宮、手足傷及車禍的傷害。有『廉殺羊』格局的人易車禍喪命。

磁場相合的星座與命格

（天秤座・天府） ♥♥♥♥♥
（獅子座・紫相） ♥♥♥♥
（牡羊座・天相） ♥♥♥♥
（寶瓶座・武破） ♥♥♥♥

不想與其溝通的星座與命格

（雙魚座・機梁）

（雙魚座・機梁）的人情緒化嚴重，愛亂出主意，不負責任。（雙子座・廉殺）的人常被害吃虧，只能不理他抵制他，彼此看不慣。

雙子座＋廉貪命格的人

命運特質

（雙子座・廉貞、貪狼）的人，生於氣候是小滿到夏至間的日子，在農曆四、五月間的夏日火旺之時，廉貞屬火，生於雙子座火旺。貪狼屬木，也木火旺。此命格的人，生於雙子座會讀書，愛學習，事業也會有成就。通常你們人際關係不太好，此命格的人會我行我素，自由自在，運氣要好很多。

（雙子座・廉貪）的人，聰明、腦子轉得快，有辯才、外型俊俏。雖愛酒、色、財、氣，常更換情人，不喜別人黏上他，喜歡保持自由身。他們的生時很差，生長環境也不佳，家庭不和，但此命格的人能脫離這種環境，另闢新的幸福生活。

戀愛運

（雙子座・廉貪）的人，經常更換情人，他們是戀愛獵人，最後會找到多金又溫柔的配偶。雖然花的時間很長，但仍能找到。甲年生和庚年生人，有家宅不寧的問題，會夫妻不合睦，也會有事業潰乏的問題。

金錢運

（雙子座・廉貪）的人，會辛苦賺錢，任意花費。喜歡買高級精品。他們須做辛苦勞碌、或做粗重的工作，但常花費很大的。特別喜歡酒色財氣。如果有好的配偶或親朋好友的幫助，也會有幸福生活和大富貴的。

事業運

（雙子座・廉貪）的人，做軍警業（武職）最佳。能有高官厚祿。如果再有爆發運，能升官快速，創造功績。有『陽梁昌祿格』的人，會有高學歷及高職位，做大官，財富與官位都高。若做電子業或吃技術飯，也能做主管。做文職的人會賺錢少，或工作不長久，或打工生活、靠人吃飯養活。

健康運

（雙子座・廉貪）的人，大致還健康，但要小心手足受傷，肝腎的毛病、大腸、神經酸痛、性病、及腸胃等消化系統的毛病。

磁場相合的星座與命格

（天秤座・紫微）♥♥♥♥♥
（獅子座・武殺）♥♥♥♥
（牡羊座・廉相）♥♥♥♥
（寶瓶座・天府）♥♥♥♥

不想與其溝通的星座與命格

（天蠍座・天相）

（天蠍座・天相）的人講求公平、公正，討厭不守規矩，（雙子座・廉貪）的人油滑，愛鑽漏洞，彼此看不順眼，不相往來。

雙子座＋廉破命格的人

命運特質

（雙子座‧廉貞、破軍）的人，生於氣候是小滿到夏至間的日子，在農曆四、五月間的夏日火旺之時，廉貞屬火，生於雙子座火旺。破軍屬水，被剋極弱。此命格的人，會油滑善於鑽營，有時愛耍賴，破費極多。

（雙子座‧廉破）的人，聰明、外型好，說話狂妄，易與人不合，與人保持距離。他們有自己想要的自由，會獨來獨往。生於雙子座，容易有爆發運及貴格，能成就大事業。暴發運在牛、羊年都會爆發。人生會大發大落的模式。你們的會利用高智慧營解困境。長期處在混亂及破破爛爛的、波瀾起伏的環境裡，你已習慣去迎戰這些挑戰了。

戀愛運

（雙子座‧廉破）的人，你們是戀愛獵人，同時也是戀愛吸引機。你會吸引周遭的眼光，再迅速找尋你的狩獵對象，一拍即合。很快發生關係。你不受現實禮教與法規的約束。性格無所謂，大膽乾脆。因此二婚、三婚的人是常事。感情好則聚，不好則散。毫不拖泥帶水。你喜歡有工作能力、會帶好運給你的人。不喜歡無用的人。

金錢運

（雙子座‧廉破）的人，財運頗佳，耗財也多，很捨得花錢。做軍警武職的人，錢財穩定，也容易爆發好運，財官都旺。做文職會窮。其實你們財官的好運都多，須看謀劃能力好壞。具有專業知識與技術的人，賺錢超多。雙子座的人會有特殊創意在賺錢進財上。

事業運

（雙子座・廉破）的人，本身的事業運就具有爆發運，在丑、未年有機會發展大事業，使你突然賺得大財富或升大官。你們適合做武職，大富貴的機會超多。文職不宜，爆發機會少，易窮。你的事業運也會高起高落，高起在丑、未年。大落在卯、酉年。命格中有貴格的人，雖會知識水準高，窮富不定。能做大企業的老闆，或知識界的領袖。

健康運

（雙子座・廉破）的人，年輕時身體還好。中年以後會有病痛。要小心手足傷，肝腎問題、糖尿病、免疫能力失調、脾胃及大腸的毛病，也要小心淋巴系統和血液的問題。

磁場相合的星座與命格

（天秤座・天相）❤❤❤❤❤
（獅子座・紫殺）❤❤❤❤
（牡羊座・武貪）❤❤❤❤
（寶瓶座・紫相）❤❤❤❤

不想與其溝通的星座與命格

（天蠍座・陽巨）

（天蠍座・陽巨）的人陰險愛挑剔，（雙子座・廉破）的人不能忍受。

雙子座＋天府命格的人

命運特質

（雙子座‧天府）的人，生於氣候是小滿到夏至間的日子，在農曆四、五月間的夏日火旺之時，天府五行屬土，火土相生，故天府極旺。此命格的人，其賺錢能力與存錢能力都會超強。

（雙子座‧天府）的人，聰明、愛自由，做事有自己的規則，不喜歡別人約束。喜歡旅遊及享受。以自己為主，稍微自私。通常對人小氣。會有工作和自己的收入及存款，不喜歡被人關心。若家人要求照顧，也會適時出手，但絕不先提出幫忙。你害怕別人會依賴你。你們少有貴格，一生重視錢財。若有羊、陀同宮或在對宮的人，無法存錢，有錢就遭難有事，把錢花掉，就清靜了。

戀愛運

（雙子座‧天府）的人，戀愛機會多，你們也是戀愛獵人。會狩獵自己喜歡的對象。但命運中有破星，主要破在戀愛和婚姻。總找到和自己性格及價值觀不相合的人做情人或配偶。有多次婚姻，你們學習戀愛的經歷很多。也付出很多學費。

金錢運

（雙子座‧天府）的人，財帛宮是空宮，財運未必好。你們天生聰明，肯定會找到賺錢工作，會進財穩定。故算是上班族的人，要日日工作過日子。你們生性小氣保守。必須慢慢存錢，久而久之能發富。

事業運

（雙子座・天府）的人，工作運是幫人料理事務或財務事情。本命是個銀行金庫，天生愛管錢。凡是與賺錢有關的事你們都有興趣。另外文書事務，你們也精通。若要演戲、跳舞、學口技等等能賺錢的事，你們也會拚命學習。你們為了賺錢，會運用聰明才智到極致。竭力達成富翁等級。

健康運

（雙子座・天府）的人，身體健康，要小心脾胃的問題、大腸癌，此外高血壓、心臟病、肝腎問題、手足傷、膀胱、生殖系統都要小心。

磁場相合的星座與命格

（天秤座・七殺） ♥♥♥♥♥

（獅子座・天相） ♥♥♥♥

（牡羊座・紫殺） ♥♥♥♥

（寶瓶座・武府） ♥♥♥♥

不想與其溝通的星座與命格

（巨蟹座・破軍）

（巨蟹座・破軍）的人保守又大膽、愛計較，（雙子座・天府）的人不想與之有瓜葛，彼此看不慣。

雙子座＋太陰命格的人

命運特質

（雙子座•太陰）的人，生於氣候是小滿到夏至間的日子，在農曆四、五月間的夏日火旺之時，太陰屬水，夏水衰弱。此命格的人會性格衝動，火氣大，卻有時懶洋洋，但會愛學習。也容易有貴格。這樣的話，其人也會有固定的薪水與財富。

（雙子座•太陰）的人，喜歡買房地產和土地，常為揹房貸而奮鬥。此命格的人會好酒、重感情，喜談戀愛。你們心情好時，會對人體貼深情。心情不佳時，會六親不認。你們也常為感情所困。太陰命格的人會與家中女性不合，但在外與異性相吸引。你們口才很好，很能與人聊天。做各行各業都易成功。由其有貴格的人，能做企業負責人、或大機構主管。做生意也會成功。

戀愛運

（雙子座•太陰）的人，喜歡戀愛。隨時注意周遭有無可狩獵的對象。你們從小戀愛經驗豐富，可是會戀愛卻未必婚姻會成功。你們有公主病或王子病，情緒易起伏不定，須找到會侍候人的配偶才行。你們必須在失戀中成長。

金錢運

（雙子座•太陰）的人，財運還好，你們喜歡買房地產。也喜歡存錢。

會做薪水族。特別喜歡在銀行工作，或做房東收租金賺錢，特別重視和銀行的關係，你也很會藏私房錢。

事業運

（雙子座‧太陰）的人，不會先投資，會做上班族賺薪水錢，這樣付出的代價較少。你們喜歡穩賺不賠的工作。做會計、出納、總務、文書等工作的很多。通常如教師、保險經紀、開店，或大機構主管、負責人等。有貴格及有爆發運的人，會富貴很大。

健康運

（雙子座‧太陰）的人，身體健康，但要小心脾胃、肝腎或淋巴系統的毛病。也要注意生殖系統、乳癌、子宮或精囊、性病、婦女病等問題。

磁場相合的星座與命格

（天秤座‧太陽）♥♥♥♥♥
（獅子座‧天機）♥♥♥♥
（牡羊座‧天同）♥♥♥♥
（寶瓶座‧天府）♥♥♥♥

不想與其溝通的星座與命格

（雙魚座‧廉殺）

（雙魚座‧廉殺）的人性格和情緒都古怪。（雙子座‧太陰）的人驚訝於有比自己還古怪的人，彼此看不慣。

雙子座＋貪狼命格的人

命運特質

（雙子座•貪狼）的人，生於氣候是小滿到夏至間的日子，在農曆四、五月間的夏日火旺之時，貪狼屬木，故是木火旺。此命格的人，擁有很多旺運，在夏天的火旺時期，更是爆發運不斷，意外的好運不斷。你們是聞一知十、舉一反三、既聰明又反應快的人。

（雙子座•貪狼）的人，是身材俊俏挺拔，魅力十足，風度翩翩。智商超高。最容易有『火貪格』而爆發財運。你們容易有貴格，成功的機會比旁人大。亦會帶有酒色財氣，常喜賣弄聰明與風采。你們討厭氣氛不佳，稍有不對，就會趕快溜走，不喜得罪人。貪狼的人也特別對好運及錢財貪心，愛做投機生意。享受也比比人多。

戀愛運

（雙子座•貪狼）的人，是真正的戀愛獵人。你們外型俊美，愛表現，自然要狩獵更高層次的獵物了。你們會同時把多個情人排列面前來供挑選。更能輕鬆的擁有自由之身。你的配偶是最佳選擇，他們是美麗、多金、人緣好，能幫助你事業的超級能手。你們會晚婚。

金錢運

（雙子座•貪狼）的人，表面上財

運普通，你們天生不會理財，但又對財富貪心。會花費大，破財多。有爆發運的人，可得大財富。沒有爆發運的人，會辛苦起落。你們通常要35歲以後才會發，之前則必須忍受平凡與辛苦。你們婚後，配偶會帶財富來，父母會給家產，人生就富足了。

事業運

（雙子座・貪狼）的人，很勞碌。工作須辛苦打拼。做軍警武職最佳，爆發運更大，能做大官，財富會更多。做文教業、教育業，教師或補習班，出版社等都適合。也可爆發，但財富較少。

健康運

（雙子座・貪狼）的人，身體健康。但要小心消化系統的毛病，心臟病、高血壓，手足的問題，和性病。生殖系統的毛病。

磁場相合的星座與命格

（天秤座・武曲）♥♥♥♥♥
（獅子座・紫府）♥♥♥♥
（牡羊座・七殺）♥♥♥♥
（寶瓶座・紫相）♥♥♥♥

不想與其溝通的星座與命格

（巨蟹座・廉貞）

（巨蟹座・廉貞）的人善於營謀，會搶功勞、搶賺錢機會。（雙子座・貪狼）的人不想碰到他，逃之夭夭。

雙子座＋巨門命格的人

命運特質

（雙子座・巨門）的人，生於雙子座生於氣候是小滿到夏至間的日子，在農曆四、五月間的夏日火旺之時，巨門五行屬水，水火相剋，巨門氣弱。此命格的人會脾氣爆，但有時氣弱懶洋洋，勞碌多，也會腎臟較弱，易勞累。

（雙子座・巨門）的人，聰明、愛自由，會東跑西跑，愛講話，愛吃、凡事挑剔、愛自誇，佔有慾強。喜猜忌，愛批評人，是非口舌很多。一生起伏大。此命格的人出生之時，家中會有是非災難，或父母財窮，須要他們來解決。他們一生遇到的麻煩事多，因此也練就了專門解決問題的能力，和特別大膽的膽識。你們會歷經千辛萬苦有大成就。

戀愛運

（雙子座・巨門）的人，天生有戀愛術，戀愛運超好。又是自然天成的戀愛獵人。能用口才說服及俘虜情人。你們特別有擔當，會照顧情人，更有很多逗情人開心的花招，你們喜歡貼心的情人和配偶。命宮在亥宮、子宮的人較能得妻財和夫財。

金錢運

（雙子座・巨門）的人，基本上算是上班族格局的人，要領薪水過日子。但『機月同梁格』是隱性，若你的聰明才智及貴格都強，能發展賺大錢的管道。富貴都有。如果為一般薪水族的格局，用口才賺錢，也會多賺。有爆發運的人會爆發大財富。某些人會有妻財、配偶財，可讓你們享受物質生活。

事業運

（雙子座•巨門）的人，大致都是薪水族格局。命中有貴格及爆發運倆個條件都有的人會有大富貴。其他做教書職、做民意代表，或牧師、保險經紀、政治人物、演說家、業務員等職，都會功成名就。

健康運

（雙子座•巨門）的人，身體建康。但要小心消化系統的問題、淋巴系統、血液、尿道、及內分泌系統、耳朵、肝腎、心臟等問題。

磁場相合的星座與命格

（天秤座・太陰） ❤❤❤❤❤

（獅子座・天機） ❤❤❤❤

（牡羊座・太陽） ❤❤❤❤

（寶瓶座・天相） ❤❤❤❤

不想與其溝通的星座與命格

（巨蟹座・武殺）

（巨蟹座•武殺）的人話少很悶、性格強硬，自有主見。（雙子座•巨門）的人如何勸說都勸不動，磁場不同，彼此看不慣。

雙子座＋天相命格的人

命運特質

（雙子座•天相）的人，生於雙子座生於氣候是小滿到夏至間的日子，在農曆四、五月間的夏日火旺之時，天相五行屬水，水火相剋，天相氣弱。此命格的人，性格有時急躁，有時悶、懶洋洋。天相本是公道星，能調解糾紛做和事佬，此時並不愛管閒事了。

（雙子座•天相）的人，是勤勞的福星，會為家裡或公司，解決周圍的困難和麻煩。你們喜歡講求公平、公正，或為環境中帶來輕鬆、快樂。超重視衣食享受的生活。也是特別優良命格。但有『刑囚夾印』格局的人，會吃虧上當，且易受傷而死，因為天相受擎羊剋制，有此格局的人要小心！

戀愛運

（雙子座•天相）的人，外在環境都複雜、陰險或破破爛爛。你們也喜歡當戀愛獵人，可是所狩獵到的都是大惡虎或大鱷魚，而卻不知自己是小白兔，故常被吃掉。你們對愛情或情人不瞭解，最後都成了婚姻的祭品。

金錢運

（雙子座•天相）的人，財運好，又會存錢。你們天生會理財，會整理東西，又會存錢儲蓄。做會計、仲介業或金融業都是好手。你們能得到父母精心照顧與財產，是故讓財富能積蓄很多，生活舒適。

事業運

（雙子座・天相）的人，工作運不算穩定，常斷斷續續。但都會有工作。你們容易被人欺負，會被老闆或同事分配過多的工作。任勞任怨的你們會完成工作。你們有時軟弱，容易被同事或屬下欺負。須要堅強一點，事業才會成功。但你們常志向較低，只愛賺錢、存錢。你們常做的工作有：解決及整理財務、管理倉庫及庫存、當大機構或企業主的秘書、管家、修理或復建工作。

健康運

（雙子座・天相）的人，身體健康。但要小心高血壓、貧血、泌尿系統、膀胱、內分泌系統、糖尿病、耳朵、腎臟、淋巴系統的問題。這些都和水被剋有關。

磁場相合的星座與命格

（天秤座・天府） ♥♥♥♥♥
（獅子座・破軍） ♥♥♥♥
（牡羊座・天梁） ♥♥♥♥
（寶瓶座・天同） ♥♥♥♥

不想與其溝通的星座與命格

（雙魚座・機巨）

（雙魚座・機巨）的人是自以為聰明、知識高、愛表現的人，（雙子座・天相）的人常遭受挑剔，彼此看不慣。

雙子座＋天梁命格的人

命運特質

（雙子座•天梁）的人，生於氣候是小滿到夏至間的日子，在農曆四、五月間的夏日火旺之時，天梁五行屬土，火生土旺，天梁極旺。此命格的人，會蔭庇較強，命運好，易有貴格的『陽梁昌祿格』，會有大成就。你們性子雖急較悶，有正義感，性格厚重，固執己見，未必愛管別人家閒事，除非必要，很有慈悲心。

（雙子座•天梁）的人，必須有貴格，才能成功。有貴格的人，能生活富裕、財官雙美。命宮居陷的人，會四處飄零得厲害，天涯海角到處玩耍流浪。也會為生活奔波。只要做工作就有飯吃。天梁是蔭星，會復建，受上天蔭庇，故喜歡拜神信宗教。

戀愛運

（雙子座•天梁）的人，是戀愛獵人，經常狩獵愛情，但感情多波折和競爭，常有是非。你們最愛脾氣怪異、難追的對象，這些人對你有吸引力。婚後生活也是吵鬧過日子，你一點不為意。

金錢運

（雙子座•天梁）的人，財運是薪水族的格局。你們的父母就是公務員或薪水族，你們也喜歡跟隨腳步做薪水族。也會努力存錢及買房地產增加財富。有貴格的人會薪資高。具有偏財運的人，容易有大富貴。無貴格的人會做勞力工作。生於雙子座火旺土氣重，特別會買房地產。

事業運

（雙子座•天梁）的人，工作運要看太陽的旺弱來定。有貴格再加太陽居旺的人，事業成功，會做大官或大機構老闆。普通的人也會做作家寫作、或做廟公等。太陽居陷的人，事業會斷斷續續。有爆發運的人會得到大富貴。慈善業或宗教家是最適合的行業。

健康運

（雙子座•天梁）的人，身體不錯，會長壽。但要小心脾胃問題、肺部、支氣管炎、感冒、大腸、腎臟、糖尿病、免疫能力等問題。

磁場相合的星座與命格

（天秤座•天機）♥♥♥♥♥
（獅子座•太陽）♥♥♥♥
（牡羊座•太陰）♥♥♥♥
（寶瓶座•天同）♥♥♥♥

不想與其溝通的星座與命格

（雙魚座•紫破）

（雙魚座•紫破）的人高傲做作，不按牌理出牌。（雙子座•天梁）的人不想委曲求全，人生觀和價值觀不同，彼此看不慣。

雙子座＋七殺命格的人

命運特質

（雙子座•七殺）的人，生於雙子座生於氣候是小滿到夏至間的日子，在農曆四、五月間的夏日火旺之時，七殺屬金，會被火剋，氣弱。此命格的人，性格急躁，強悍，有時軟趴趴，懶洋洋。會肝腎弱。

（雙子座•七殺）的人，特別勞碌，身體較弱，腸胃不好，多感冒，成年以後會變好，一生東奔西跑，外傷多。你們愛賺錢，喜歡為錢勞碌。錢少或沒錢的事，是沒與趣做的。此命格的人，較一般七殺命格的人聰明，也會多用頭腦少蠻幹。凡事喜歡自己做主，無法居於人之下，喜歡當老闆。喜掌生殺大權，你們少有貴格，也仍智謀不足，且雙子座不喜負責任，成功機會會打折。

戀愛運

（雙子座•七殺）的人，是超級戀愛獵人。容易一見鍾情。雖然有時善變，但會速戰速決。分手也很乾脆。你們也會選擇性格乾脆的人做配偶。你們的眼光超準，配偶運也超好。

金錢運

（雙子座•七殺）的人，財運超好。大多有爆發運，你們又愛賺錢，因此能有優質生活。你們天生現實吝嗇。為錢財打拚。加上父母很寵愛，會留很多的財產給你們。此命格的人多為富翁。

事業運

（雙子座•七殺）的人，事業運很好，只做自己愛做的工作，不在乎工作的艱辛困難，你們喜歡冒險犯難。做軍警武職會有大富貴。做文職較窮發展少。有爆發運的人，會有大財富。此命格的人少有貴格，你們多半是主富不主貴的人。多往財富上發展為佳。

健康運

（雙子座•七殺）的人，幼年身體較弱，常感冒或生小病。長大慢慢變好。但要小心傷災、車禍，以及大腸癌、肺癌、乳癌，支氣管炎、免疫能力等的問題。頭痛及高血壓、肝腎等問題。

磁場相合的星座與命格

（天秤座・武府）♥♥♥♥♥
（獅子座・紫府）♥♥♥♥
（牡羊座・紫相）♥♥♥♥
（寶瓶座・天府）♥♥♥♥

不想與其溝通的星座與命格

（雙魚座・巨門）

（雙魚座•巨門）的人聰明，又情緒化，又哭又笑很會演，會把過錯推給對方。（雙子座•七殺）的人，無法辯駁，特別痛恨，彼此看不慣。

雙子座＋破軍命格的人

命運特質

（雙子座•破軍）的人，生於氣候是小滿到夏至間的日子，在農曆四、五月間的夏日火旺之時，破軍五行屬水，水火相剋，破軍氣弱。此命格的人，會脾氣爆躁，肝腎弱。雖聰明，腦子轉得快，卻時常懶惰。

（雙子座•破軍）的人，是首倡破壞卻未必能建設的人。但你們天性就是愛改革，使一切變成你想要的樣子。但這種狀態也未必是公平公正、適合於大家可一起使用或歷行的法則。往往破壞了，就永遠喪失，無法復原了。你們個性反覆，變化很快、疑神疑鬼。好勝心強，人生轉折很大。有爆發運的人可發富。你們成性浪費破耗，財富消耗很快。

戀愛運

（雙子座•破軍）的人，聰明、變化快，是超級戀愛獵人。直接狩獵戀愛對象，你們會打破世俗的禮教觀念，不在乎人、時、地，或是否有婚姻束縛。也會打破正常的法治觀念。會重視性愛關係。愛的轟轟烈烈，但結果卻未必好。

金錢運

（雙子座•破軍）的人，財運要強力打拼才會有。你們花錢是大手大腳的，很捨得花，卻未必能賺錢。命格中有文昌或文曲的人，是外表俊美但窮命的人。一輩子常鬧窮。你們必須要學會理財，才會順利。有爆發運的人會發富。

事業運

（雙子座・破軍）的人，事業運有好運，勞碌一些可多賺錢財。要東跑西跑的忙碌，不怕雜亂、複雜，或鬥爭多的工作，武職軍警業最佳，其次是工程類。命格中有昌、曲的人，較不屑於做低下或髒亂的工作，因此容易窮。有爆發運的人，肯做冒險犯難的工作，加上幾年一次的爆發運，事業會愈來愈成功。但容易大起大落。

健康運

（雙子座・破軍）的人，還算健康，中年以後有病災、傷災、車禍、開刀等事。也要小心淋巴系統、泌尿系統、內分泌系統、糖尿病等的問題。

磁場相合的星座與命格

（天秤座・廉相）♥♥♥♥♥
（獅子座・太陰）♥♥♥♥
（牡羊座・紫相）♥♥♥♥
（寶瓶座・貪狼）♥♥♥♥

不想與其溝通的星座與命格

（雙魚座・武殺）

（雙魚座・武殺）的人和（雙子座・破軍）的人彼此看不順眼，價值觀也不同，彼此看不慣。

雙子座＋祿存命格的人

命運特質

（雙子座•祿存）的人，生於氣候是小滿到夏至間的日子，在農曆四、五月間的夏日火旺之時，祿存五行屬土，火土相生，祿存氣旺。此命格的人，性格急躁，脾氣悶，但表面老實，心情好。但本命依然有『羊陀相夾』，有倍受欺凌的感覺。本身有很深的自卑感，與內心障礙。

（雙子座•祿存）的人，外號是『小氣財神』與守財奴，很吝嗇。他們在幼年及青少年過得辛苦，天生有『自有財』。生活無虞。中年以後順利。本性會存錢，能累積財富與房地產。一生都會勤儉度日。命格中有貴格『陽梁昌祿格』的人較少，但有此格者，會功成名就。

戀愛運

（雙子座•祿存）的人，本性小氣吝嗇，對戀愛不積極。你們愛賺錢守財，會精打細算，不捨得花錢請客，常要求各付各的。你們多半相親結婚，有時跟對象看對眼了，也會被你的吝嗇嚇跑。婚後配偶也常為了金錢吵鬧，甚至離婚。此命格的人，很多是不婚族，因為不想養老婆子女。

金錢運

（雙子座•祿存）的人，財運不錯，你們會賺自己的衣食之祿。而且在中、晚年會得到長輩的財產。所以金錢運很好。你們愛『錢』比愛人多，對人殘酷無情，把錢看得很親，最後錢財易被國家徵收。多做慈善為佳。

事業運

（雙子座・祿存）的人，喜歡工作賺錢，不會有什麼大事業，但會安份守住工作崗位。你們常是和老闆一起打拼的老員工，有發明精神與專精的專業技術，無可取代。任勞任怨，不隨意請假或辭職。會深得老闆信賴。命格中有貴格的人，會做高知識、高技術的工作。此命格的某些人也會有爆發運，但你們一定會守秘不告訴他人。會默默的存起來。

健康運

（雙子座・祿存）的人，幼年身體不佳，經常生病。青少年以後慢慢變強壯。你們多半腸胃不好，幼年常感冒，因此要小心肺部、氣管、大腸癌、頭部、免疫能力和脾胃的毛病。

磁場相合的星座與命格

（天秤座・紫相） ♥♥♥♥♥

（獅子座・武曲） ♥♥♥♥

（牡羊座・武府） ♥♥♥♥

（寶瓶座・天府） ♥♥♥♥

不想與其溝通的星座與命格

（巨蟹座・廉貪）

（巨蟹座・廉貪）的人愛花錢與人緣不好，（雙子座・祿存）的人吝嗇又愛嫌棄人，價值觀不同，彼此看不慣。

雙子座＋擎羊命格的人

命運特質

（雙子座・擎羊）的人，生於氣候是小滿到夏至間的日子，在農曆四、五月間的夏日火旺之時，擎羊五行屬金，會被火剋，擎羊氣弱。此命格的人，脾氣更急躁，有理說不清，常四肢無力，懶洋洋，頭腦糊塗。

（雙子座・擎羊）的人，表面聰明，會霸道，強勢。喜與人競爭，愛佔人便宜，不肯吃虧。心理煩了就對人很兇，不講理。原本是刑剋的命格。出生時會讓母親多流血，母親也會因生產而亡。此命格的人，容易有傷災，臉上頭上有傷，破相。命格中有貴格的人，仍可學歷高，得到高地位與富貴。但容易起落分明。有爆發運的人會有大富貴，但也不長久。

戀愛運

（雙子座・擎羊）的人，是可怕的戀愛獵人。凡是你想得到的，會運用手段來得到。你們十分聰明，有時會發狂的想得到獵物。常成為恐怖情人。雖然你們有濃烈的感情，也會若即若離，不愛時就棄之如蔽履，更會恨之欲其死，你們會選擇精品對象做配偶，死不放手。

金錢運

（雙子座・擎羊）的人，財運常不順。工作常斷斷續續，或遭到無薪假，常有窮困。也有人懶惰不工作，也有人會積極賺錢。三把刀是你們賺錢利器，菜刀、剃頭刀、縫衣剪刀會為你們創造財富。做武職財富更大。

事業運

（雙子座‧擎羊）的人，事業運要做三把刀的行業，否則要做軍警業會賺到錢。做文職會窮。你們多半做雜亂的行業，如喪葬業、垃圾處理、車禍血光、災害救援及解決善後等行業。開刀劍、兵器、廚師、理髮師的店，或做外科醫生，為人開刀，或醫療品買賣、以及競爭者多的行業皆可。

健康運

（雙子座‧擎羊）的人，是幼年不好養，長大後身體變好。出生時就會讓母親大出血，幼年身體不佳，多傷災、常生病。長大後也要小心車禍、外傷、頭面破相，肝腎的毛病、眼睛不好，容易有開刀現象，肺部、大腸，免疫能力、肝癌、大腸癌等問題。

磁場相合的星座與命格

（天秤座‧天同）♥♥♥♥♥

（獅子座‧天相）♥♥♥♥

（牡羊座‧紫微）♥♥♥♥

（寶瓶座‧天梁）♥♥♥♥

不想與其溝通的星座與命格

（雙魚座‧武貪）

（雙魚座‧武貪）的人很迷信，超怕刑剋與劫財，（雙子座‧擎羊）的人像把刀，又像尖針，既會劫財又刺人，前者會躲避他，彼此看不慣。

雙子座＋陀羅命格的人

命運特質

（雙子座•陀羅）的人，生於雙子座生於氣候是小滿到夏至間的日子，在農曆四、五月間的夏日火旺之時，陀羅五行屬金，會被火剋，陀羅氣弱。此命格的人，會性格急躁，但夏天時懶洋洋。秋天時頭腦稍清楚一點。

（雙子座•陀羅）的人，雖聰明，但多半有精神問題，勞碌不停，也勞苦波折大，必須離鄉發展，才會有新人生。必須要離開家人，才會成長。你們容易相信陌生人，不相信家人，很多被騙、走失兒童都是此命格的人。你們一生是非多，常做宵小盜竊之事，也易吸毒、犯案，惡事做盡。還會記恨報復，不為善類。品行極差、難於教養。此命格的人，做軍警業可出人頭地。再有爆發運的人，富貴都有。

戀愛運

（雙子座•陀羅）的人，雖想做戀愛獵人，別人總嫌你笨，或是嫌你沒錢。即使談論婚嫁或同居了，也會波折不斷、拖拖拉拉是非很多。夫妻常相互打架吵架，相互家暴。你們很難找到相合又貼心的對象。只有擎羊命格的人跟你們很相合。

金錢運

（雙子座•陀羅）的人，財運很

差，工作做不長，沒錢了才工作，斷斷續續，也不會儲蓄存錢。要做軍警業會有薪資或獎金，生活會順利。有爆發運的人，能得大財富。但很快會花完。

事業運

（雙子座‧陀羅）的人，做一般職務，會斷斷續續做不長。做軍警業會穩定。做文職會窮困，常失業中。有貴格的人可做大將軍。命格低者會做喪葬業、洗屍人或撿骨師。工作有一票沒一票、斷斷續續。

健康運

（雙子座‧陀羅）的人，健康尚可，頭面有破相，有牙齒的傷害、手足傷，肺部、氣管、大腸、免疫系統有問題，也易生癌症。如肺癌、大腸癌等，還有皮膚病或身上長瘤。

磁場相合的星座與命格

（天秤座‧天同）♥♥♥♥♥
（獅子座‧天梁）♥♥♥♥
（牡羊座‧天相）♥♥♥♥
（寶瓶座‧紫微）♥♥♥♥

不想與其溝通的星座與命格

（雙魚座‧機巨）

（雙魚座‧機巨）的人智商高，特聰明，怕見笨人。（雙子座‧陀羅）的人自卑又不想認輸，彼此看不慣。

簡易大六壬神課詳析

法雲居士⊙著

『六壬學』之占斷法是歷史上最古老的占卜法。其年代可上推至春秋時代。『六壬』與『易』有相似之處，都是以陰陽消長來明存亡之道的卜術。學會了之後很容易讓人著迷。它也是把四柱推命再繼續用五行生剋及陰陽等方式再變化課斷，以所乘之神及所臨之地，而定吉凶。

新的二十一世紀災難連連，天災人禍不斷，
卜筮之道中以『六壬』最靈驗，
但大多喜學命卜者害怕其手續煩雜，
不好入門，特此出版此本簡易篇以解好學者疑義。
並能使之上手，能對吉凶之神機有倏然所悟！

天秤座

（9 月 23 日~10 月 23 日）

天秤座・星座探秘

●位次與主管事項：

位於第七宮。主管婚姻、人際關係、交際、人緣、夫妻相處、公平與平衡、美感鑑賞力等。

●精神能力與特質

對善惡有兩極端的看法，保持平衡狀態。

求知慾強、領悟力、想像力、直覺力和表現力都佳。

生性樂觀、喜呼朋引伴，好逸惡勞。

公平客觀、有正義感、適應力強。無法承受壓力，不吃虧。

適浪漫愛情高手，有外交手腕強，八面玲瓏。

協調和平，對人有公平的關懷心。

息事寧人，能屈能伸，藉口多、缺乏自省能力。

●戀愛速配對象

第一名：雙子座、寶瓶座

第二名：獅子座、射手座

●誕生石及幸運色及飾品

誕生石：蛋白石、橄欖石

幸運色：藍色、淡紫色

幸運飾品：銅製飾品

●幸運旅行國家及城市

所屬國家與城市：中國、日本、阿根廷、緬甸、維也納、歌本哈根。

天秤座
（9月23日至10月23日）

天秤座＋紫微命格的人

命運特質

這個天秤座月份的紫微坐命者是節氣為秋分到霜降節氣、深秋時節的人。紫微五行屬土，土在秋季金旺會洩弱。故此命格的人，有自己的做事方法，自認公平客觀，會秉持正義的平衡角度做人處事。

（天秤座•紫微）的人，有正義感，求知慾強，喜歡招朋引伴。受人敬重，也有外交手腕的人。雖然你們喜歡協調，使氣氛和平。但也只是息事寧人，無法真正掌權。此與坐的人較圓滑，較喜歡主導事情發展。若無法控制就藉口溜走。命格中有貴格的人會有成就。否則只是普通小市民命格。

戀愛運

（天秤座•紫微）的人，是浪漫的戀愛高手，雖然內心一定要找有用的人做情人或配偶。還要長相好。但是最後肯聽話，有趣，別太麻煩人的人就可以了。因為你自己有些好逸惡勞，若再能控制他們錢財，醜一點也無妨。

金錢運

（天秤座•紫微）的人，金錢運尚佳。只有衣食之祿。你們雖然喜歡享受，但只是衣食住行的基本需求。命格中有『火、鈴貪格』爆發運的人，會有大富貴。否則只是一般普通老百姓的財富。

事業運

（天秤座・紫微）的人，事業運普通，會做公務員，或上班族，收入固定。你們喜歡做不必用太多腦筋的工作。可錢多事少離家近。在機關或企業中做小主管，慢慢升職，等領退休金。你們一生閒逸好命，若想辛苦操勞的打拼多賺錢，也時常會白忙一場，因為對很多行業不熟。最後做個聰明人，還是待在舒適的環境，享受許多小確幸。

健康運

（天秤座・紫微）的人，身體健康，縱使有小病也會找名醫醫治。偶而會有感冒或脾胃、消化道的小毛病。真正要小心心臟病、高血壓、腦溢血、中風等問題。

磁場相合的星座與命格

（雙子座・武曲）❤❤❤❤❤

（寶瓶座・天府）❤❤❤❤

（獅子座・貪狼）❤❤❤❤

（射手座・天同）❤❤❤❤

不想與其溝通的星座與命格

（雙魚座・天機）

（雙魚座・天機）的人，喜歡纏人，又喜歡佔便宜的人，（天秤座・紫微）的人嫌煩，彼此看不慣。

天秤座＋紫府命格的人

命運特質

（天秤座・紫府）的人，是節氣為秋分到霜降節氣、深秋時節的人。金氣重，『紫微．天府』都屬土，子旺母衰，因此土會洩弱。此命格的人，只是在財運與復建能力上稍弱一點。你們在性格上頑固一些。但讓人信賴。在計算能力與學歷上不太好，會有龍年、狗年爆發偏財運，能多得財富。

（天秤座・紫府）的人，順時針行大運，命運較好的。逆行大運的人，會到中年才起運。你們要和帶火多的人在一起，會覺得好運多。和命格水多的人一起，會財多。因為水是土之財。此命格的人少有貴格，讀書不佳，較愛玩、愛過平凡快樂的生活，從小愛賺錢。努力也能積存財富和房地產。

戀愛運

（天秤座・紫府）的人，愛過平凡快樂的生活，愛玩，是戀愛高手。會製造浪漫的戀愛。會先從朋友關特開始，有時會有兩件戀情同時比較，但會意志不堅，容易被物質誘惑而說服。你也會付出很多。戀愛多、結婚次數也多。

金錢運

（天秤座・紫府）的人，財運比同命格的人較普通。命格中火多或水多的人，財多。爆發運也會大。通常你們只有一般生活用度的財富。你們適合存錢和買房地產。老年時生活平順。

事業運

（天秤座‧紫府）的人，喜歡快樂生活和玩樂，不想要多費力氣來賺錢。做最簡單、粗俗的工作，就好。做零售業、買賣業，或開個小店，或做薪水族，到便利商店工作，能迅速進財就好了。因為有爆發運的關係，有機會發大財。無法成為集團大老闆。你們大多學歷不高，又缺少貴格，能成就大事業的機會很少。如果能做金融業、股票經紀、保險經紀、仲介業或是銀行行員。已經是很好的機運了。不過你們有爆發運，還有貴人運在朋友宮，會有特別的朋友貴人讓你們大發富貴。

健康運

（天秤座‧紫府）的人，健康良好。但要小心脾胃、大腸等問題。有時有肺部、感冒、耳病的問題。也要小心乳癌，或生殖系統的毛病。

磁場相合的星座與命格

（雙子座‧武曲）♥♥♥♥♥

（寶瓶座‧七殺）♥♥♥♥

（獅子座‧廉相）♥♥♥♥

（射手座‧紫殺）♥♥♥♥

不想與其溝通的星座與命格

（摩羯座‧天機）

（摩羯座‧天機）的人會自作聰明，做笨事，偷雞不著蝕把米，（天秤座‧紫府）的人雖會惜財，但討厭自作聰明的人，看不慣。

天秤座+紫相命格的人

命運特質

（天秤座・紫相）的人，是節氣為秋分到霜降節氣、深秋時節的人。紫微屬土，秋季洩弱，天相屬水，福星生旺。此命格的人，享福較多，做事順心。但復建及恢復還原的力量，會弱一點。

（天秤座・紫相）的人，性格比較不悶，你們喜歡快樂的生活，會呼朋引伴的玩樂或出國，人際關係好，到處八面玲瓏。較不會愛鑽牛角尖，你會有協調能力，不太高傲了。有時會服務他人，對人公正、公平。此命格的人會重視享福，性格樂觀，但仍會優柔寡斷、猶疑不決。但會講究禮儀。你們財運非常不錯，常用精美衣食來滿足自己。

戀愛運

（天秤座・紫相）的人，外貌優雅悅人，很體面，形象隨和。能服務他人，但不吃虧，喜講公平，也會對情人或配偶服務。不過你們不了解異性，容易傻哈哈的踩到紅線。婚後會讓配偶看扁，讓配偶覺得上當。

金錢運

（天秤座・紫相）的人，財運頗佳，會理財，但未必會算帳。進財容易，生活享受精美。錢財都花在衣食享受上。未必存得了錢。有時也會錢財不濟，不過很容易平順。因為是福星嘛！

事業運

（天秤座・紫相）的人，事業運須要營謀籌劃，才會有發展。此命格的人喜歡對衣食業、或生活物品業有興趣。能作細節設計。更愛協調人際關係的問題。但會無法打拚到底，而無法成功。你們是造福能力強的人，在企業機構有問題出現的時候，你們會適時的協調料理雜亂、爭鬥。在破爛的環境中修復問題。有時也會在衣食界打轉。

健康運

（天秤座・紫相）的人，身體健康。但要小心脾胃不佳、貧血、淋巴癌及膀胱炎、泌尿系統方面的毛病。或水道系統的問題。亦要小心糖尿病、心臟病、三高、甲狀腺、耳朵等的問題。

磁場相合的星座與命格

（雙子座・武府）♥♥♥♥♥

（寶瓶座・廉貞）♥♥♥♥

（獅子座・同梁）♥♥♥♥

（射手座・破軍）♥♥♥

不想與其溝通的星座與命格

（雙魚座・廉貞）

（雙魚座・廉貞）的人個性情緒化，態度曖昧，（天秤座・紫相）的人覺得他有問題。彼此看不慣。

天秤座＋紫貪命格的人

命運特質

（天秤座‧紫貪）的人，是節氣為秋分到霜降節氣、深秋時節的人，金氣重。因為紫微屬土，貪狼屬木，本身有點土木相剋，紫微土洩弱。貪狼為秋木，金木相剋。所以此命格的人，雖外表長相優雅氣派，但運氣並不特別好。復建能力也普通。偶而懶洋洋的。命格中有些火，才是好的。適合穿紅色系列的衣物用品，運氣會變好。你們喜歡平凡的快樂生活，不注重面子和驕傲了。

（天秤座‧紫貪）的人，很會展現優雅迷人體態，散發性感。廣結人緣，追求升官機會。你們會找到能幫助你升官發財的貴人，能助你人生境界變高。具有貴格的人，會有大成就。有爆發運的人，有大富貴。

戀愛運

（天秤座‧紫貪）的人，是戀愛高手，戀愛運超佳。會營造浪漫的愛情氛圍。你們外型優雅、體面有人緣，能判斷出對自己有幫助又多金的最佳配偶。你們會精神與肉體並重，婚姻幸福。

金錢運

（天秤座‧紫貪）的人，是財運不算佳的人，此命格貪狼的好運差一些，賺錢能力也不強。要靠配偶來幫你生財、理財。如果配偶能力有限，生活就會有苦處了。若你有爆發運，財富才會變多。做軍警武職，生活會順利。

事業運

（天秤座・紫貪）的人，愛玩樂，事業運不佳。做軍警職為好，做上班族或薪水族的工作，賺錢少。有爆發運的人，有快速升官或升高職的機會。命格中有化權、化祿的人，人生地位也會升高。有貴格的人，人生層次高。

健康運

（天秤座・紫貪）的人，身體康健，但要小心脾胃問題、高血壓、心臟病等，以及耳病、或性病。手足神經系統不佳。

磁場相合的星座與命格

（雙子座・天府）♥♥♥♥♥
（寶瓶座・廉府）♥♥♥♥
（獅子座・祿存）♥♥♥♥
（射手座・天梁）♥♥♥♥

不想與其溝通的星座與命格

（金牛座・擎羊）

（金牛座・擎羊）的人愛找人麻煩，愛吵架鬥毆。（天秤座・紫貪）的人注重體面，不想惹他，懶得理他。

天秤座＋紫殺命格的人

命運特質

（天秤座•紫殺）的人，是節氣為秋分到霜降節氣、深秋時節的人。秋天金氣重。紫微屬土會洩弱。七殺屬火金，生於秋季較旺。此命格的人，會愛打拼，苦幹精神強一些。但也是三分鐘熱度，很快就放棄了。紫微的復建力量雖弱一點。你們喜歡快樂的生活，總會找到玩樂及享福的方法。

（天秤座•紫殺）的人，喜歡玩樂，會東跑西跑的，假裝忙碌又一邊再玩，會做流動四處遊走的行業，不喜歡固守一個地方。所以做旅行業較好。或做運輸業，或開遊覽車、計程車行也不錯。你們會呼朋引伴，結對成行。你們少有貴格，故很少有做官的。

戀愛運

（天秤座•紫殺）的人，是戀愛高手，心中自有喜好和主張，配偶是放在家裏顧家的，因此要找願意聽話、懦弱、不囉嗦、不抱怨、肯看家的人做情人或配偶。你自己東跑西跑，戀愛由你主導。

金錢運

（天秤座•紫殺）的人，財運上有爆發運，發生在牛、羊年。平常也會在路上撿到意外之財。你們能有積蓄，也會買房地產。一生平凡快樂，旅遊和財富一起賺。

事業運

（天秤座•紫殺）的人喜愛玩樂和賺錢一起做。一邊玩一邊賺錢很快樂。你們喜歡跑來跑去到處看看，順便出差賺錢。你們也可做工程類、建築類的雜亂、複雜、或修理破爛機械的工作。也可政治類鬥爭多的工作。你們愛做有官名職位的工作。做軍警業易有大成就。文職不佳，會較窮。

健康運

（天秤座•紫殺）的人，身體佳。但要小心淋巴癌、膀胱、尿道、以及生殖系統的毛病。或乳癌、下腹部疼痛的問題。

磁場相合的星座與命格

（雙子座・武府）❤❤❤❤❤

（寶瓶座・武貪）❤❤❤❤

（獅子座・天相）❤❤❤❤

（射手座・廉破）❤❤❤❤

不想與其溝通的星座與命格

（雙魚座・巨門）

（雙魚座•巨門）的人情緒化、挑剔、是非多。（天秤座•紫殺）的人嫌麻煩，彼此看不慣。

天秤座＋紫破命格的人

命運特質

（天秤座・紫破）的人，是節氣為秋分到霜降節氣、深秋時節的人。金企重，紫微屬土會洩弱，破軍屬水，更旺。是水多混土。此命格的人，會破軍的性質強一些，反覆無常的狀況多。紫微復建的性質少一些。你們喜歡打拼及耗財多，生活等級容易下降。

（天秤座・紫破）的人，是喜歡平凡快樂生活的人，愛跑來跑去，愛玩。做船員或旅行業最好。你們喜揪團、或呼朋引伴去玩，常是非多。但不以為苦。人生中破軍的力量較大，故人生波動也大。你常不滿意周遭環境及事物。但也無法改變。你會理想高，無法完成。

戀愛運

（天秤座・紫破）的人，戀愛運極差，你們雖對人八面玲瓏，但內心挑剔別人。你們天生愛玩、旅遊中常發生蜻蜓點水的愛情。通常以後很難再見的感情模式。一生中有多次婚姻。你們對婚姻採來去自如的應變模式。

金錢運

（天秤座・紫破）的人，你們雖愛玩，但希望有固定錢財進帳，通常會做薪水族，做軍警業及海、空軍最好，或做船員機師等，或是旅遊業人員。要付出較多的勞力來賺錢。你們記帳算帳很差，無法做生意，會虧本，財富不多。

事業運

（天秤座・紫破）的人，做軍警職最好。做文職不佳。其他如旅遊業、運輸業、船員、導遊等較好。你們喜歡變化奔波的行業。更易常變化轉職、轉業。一般人會做無職稱，或職位低的工作。在競爭拚鬥的行業，如政治圈或軍警業，你們會呼嚨而過，無法升到高位。你們少有貴格，成功不容易。

健康運

（天秤座・紫破）的人，身體健康，但中年以後要小心糖尿病、脾胃、耳朵，泌尿系統或淋巴癌等的毛病。

磁場相合的星座與命格

（雙子座・武相）❤❤❤❤❤
（寶瓶座・天相）❤❤❤❤
（獅子座・天梁）❤❤❤❤
（射手座・廉貪）❤❤❤❤

不想與其溝通的星座與命格

（金牛座・機巨）

（金牛座・機巨）的人知識水準高，瞧不起人，（天秤座・紫破）的人不能忍受，會強加防範。

天秤座＋天機命格的人

命運特質

（天秤座・天機）的人，是節氣為秋分到霜降節氣、深秋時節的人。金氣重。天機五行屬木，金木相剋，氣弱。此命格的人，身體較弱，肺部與大腸較弱。多穿紅色的衣物為佳。時常提不起勁。但你們愛玩，喜歡快樂的生活，若有人引動你們，你們也會呼朋引伴，到處跑跑，就會覺得運氣大好起來。你們常保持平衡的心態，運動與旅遊會幫助你們有幸福人生。

（天秤座・天機）的人，多半有平凡快樂的生活，有些善變、性子急，不吃虧、愛計較。你們必須有貴格才會有大成就。

戀愛運

（天秤座・天機）的人，愛玩，多半在旅遊中遇到對象。你們雖是浪漫的戀愛高手，卻不易遇到心心相印的好對象。你們要找心性寬大，能是多原諒一下你的錯誤，或多照顧你一下的人。你們易晚婚或不婚。但戀愛運並不順遂。

金錢運

（天秤座・天機）的人，是上班族財運，有父母會給錢資助。即使父母走了，還有遺產可用。父母多半比他有錢。

此命格的人財運不算好。但會生活無虞。逢火土年時會財運大好。

事業運

（天秤座・天機）的人，過薪水族生活。愛玩，生平無大志，不喜辛勞賺錢。有些人在家族企業工作，領一份薪水，或守祖業生活。此命格受剋，表面聰明，工作常不順，得財不多。逢火土年，你們才有勁會打拼，工作運會向上。若有貴格的人，會有成就。

健康運

（天秤座・天機）的人，身體還好，會有手足傷，破相。但要小心肝、腎、肺部及大腸、脾胃、的毛病。也要小心性無能的問題。

磁場相合的星座與命格

（雙子座・太陽）♥♥♥♥♥

（寶瓶座・同梁）♥♥♥♥

（獅子座・太陰）♥♥♥♥

（射手座・巨門）♥♥♥♥

不想與其溝通的星座與命格

（雙魚座・同陰）

（雙魚座・同陰）的人有王子病或公主病，（天秤座・天機）的人不想寵他，常檢討他，彼此看不慣。

天秤座＋機陰命格的人

命運特質

（天秤座・天機、太陰）的人，是節氣為秋分到霜降節氣、深秋時節的人。金氣重。天機屬木，受剋氣弱。太陰屬水，水多而陰寒。此命格的人，多情緒化，有時優柔寡斷、猶疑不決，也常懶洋洋提不起勁。但會愛玩，喜歡快樂的玩耍，東跑西跑或到處旅遊，也會做無謂的奔波。

（天秤座・機陰）的人喜歡變化移動，容易搬家和轉職，在一個地方待不久。也愛疑神疑鬼，回家會繞彎才回家。他們有蔭庇，會有貴人介紹工作，財運還普通。有貴格的人，會學歷好，有成就。因太陰較旺，愛哭，愛談戀愛，受月亮影響大。

戀愛運

（天秤座・機陰）的人，外型優美有氣質，情緒多變，有公主病和王子病，戀愛運特好。會有情人或配偶來疼愛，你們會找較陽剛又寬容的人做配偶。選雙子座會十分相合，一起旅遊，很幸福。

金錢運

（天秤座・機陰）的人，是薪水族。你們會找東跑西跑的工作。會生活順利。其實你的父母財多，會留財產給你。你也會買房地產存錢。戀愛對你幫助大，須要戀愛滋潤。若沒戀愛或離婚，也會窮困。

事業運

（天秤座‧機陰）的人，工作運靠長輩或熟人。他們會介紹工作給你。你有蔭庇和貴人運，就算做軍警業，也會升職很快，運氣很好。但你的一生還是會起落分明，做生意會有敗局。命格中有貴格的人，成就大。夏天也收入好。

健康運

（天秤座‧機陰）的人，健康不錯，要小心手足之傷，車禍，肝腎、大腸、淋巴癌、乳癌、子宮等的問題，以及性生活方面的問題。

磁場相合的星座與命格

（雙子座‧巨門）♥♥♥♥♥
（寶瓶座‧天梁）♥♥♥♥
（獅子座‧太陽）♥♥♥♥
（射手座‧天同）♥♥♥♥

不想與其溝通的星座與命格

（金牛座‧廉府）

（金牛座‧廉府）的人是對別人超小氣，對自己大方的人，（天秤座‧機陰）的人無法認同，彼此看不慣。

天秤座＋機梁命格的人

命運特質

（天秤座‧天機、天梁）的人，是節氣為秋分到霜降節氣、深秋時節的人。金氣重。天機屬木，天梁屬土，命格本身就是土木相剋。天機受剋，天梁也洩弱。此命格的人，會愛玩，內心軟趴趴的提不起勁。有時窮忙，東跑西跑的，不知所謂。

（天秤座‧機梁）的人，愛玩，善長交際應酬。自以為聰明，對很多事都不用心，只會對呼朋引伴去旅遊感興趣。其貴人運也稍弱，不容易形成貴格，只會過自己平凡快樂的日子。此命格的人有牛、羊年的爆發運，人生會大起大落。富貴不一定能留得住。

戀愛運

（天秤座‧機梁）的人，喜歡能跟你一起旅遊，又能說笑話閒扯的人交往，成為配偶。你喜歡熱熱鬧鬧的過日子，若離婚是為了錢財問題。

金錢運

（天秤座‧機梁）的人，是薪水族。此命格的人，貴人運稍弱。父母、長輩很打拼，未必有錢給你。你們自己有『武貪格』爆發運，在牛年、羊年會爆發偏財運，須要火旺一點，向南方或天氣熱的地方去簽樂透，會發富。

事業運

（天秤座・機梁）的人，薪水族格局。愛玩，生平無大志。沒有遠大目標，只等著發薪。適合做修理、收拾或整理帳務的工作。例如會計、記帳員、電器修理、幼稚園老師、倉庫管理、保險員等。此命格的人若有貴格，會有高學歷和大成就，地位也會高。他們有爆發運可相助成功。

健康運

（天秤座・機梁）的人，健康運佳。但要小心脾胃、肝腎、大腸等消化系統的問題。手足傷、臉面有破相、車禍等問題。也要小心糖尿病、免疫系統的問題。

磁場相合的星座與命格

（雙子座・陽巨）♥♥♥♥♥

（寶瓶座・同陰）♥♥♥♥

（獅子座・天府）♥♥♥♥

（射手座・祿存）♥♥♥♥

不想與其溝通的星座與命格

（雙魚座・廉殺）

（雙魚座・廉殺）的人財運不佳、脾氣執拗，（天秤座・機梁）的人對錢財計較，彼此看不慣。

天秤座＋機巨命格的人

命運特質

（天秤座‧天機、巨門）的人，是節氣為秋分到霜降節氣、深秋時節的人。金氣重。天機屬木，相剋氣弱。巨門屬水居旺。故此命格的人，聰明，愛玩、口才特佳滑溜，會哄人。此命的人，須要有火來暖命，能有『陽梁昌祿格』的貴格，人生有大成就。知識水準高，從事學術研究，而有大發展。

（天秤座‧機巨）的人，做武職軍警業也佳，會有功績。普通上班族的人，則財官都弱，身體健康也弱。此命格的人愛東跑西跑，四處遊玩，雖有創意思想，但一事無成。

戀愛運

（天秤座‧機巨）的人，對善惡有兩極端的看法，性格情緒多變，脾氣不好，戀愛運也不順。容易與人有衝突，會亂發脾氣後，戀愛總不長久。需要情人的特別體貼才行，在旅遊中戀愛會有圓滿結局。

金錢運

（天秤座‧機巨）的人，天生是薪水族的財運，有專業知識及技術則財運好。有化權及化祿的人，個性強勢，能有好的收入。有貴格的人，愛讀書，學歷高，做科技業、學校教書，工作很穩定。不會理財，辛苦能有積蓄。能買一棟房子。父母也會給財產。一生順遂。

事業運

（天秤座・機巨）的人，需要有貴格，有貴格的人，會有高學歷，及好名聲，做科技業、理工科的人，工作高升機會多。你們在同一機構工作久。有爆發運的人，很容易出大名並富有的。

健康運

（天秤座・機巨）的人，身體健康。但要注意脾胃的毛病，小心淋巴系統、血液系統或泌尿系統，如膀胱、尿道、腎臟、消化系統、甲狀腺、免疫系統等的問題。以及手足有傷災或車禍問題等。

磁場相合的星座與命格

（雙子座・天同）♥♥♥♥♥

（寶瓶座・陽梁）♥♥♥♥

（獅子座・日月）♥♥♥♥

（射手座・紫相）♥♥♥♥

不想與其溝通的星座與命格

（雙魚座・武破）

（雙魚座・武破）的人情緒多變，愛錢吝嗇。（天秤座・機巨）的人對錢不吃虧，彼此看不慣。

天秤座＋太陽命格的人

命運特質

（天秤座•太陽）的人，是節氣為秋分到霜降節氣、深秋時節的人。金氣重。太陽五行屬丙火，秋火氣勢衰絕，氣弱。性格較沒那麼起勁熱絡了。但仍然會說話大聲。直爽，坦白、少心機。你們愛玩，愛東跑西跑，雖操勞。個性樂觀，會更大咧咧的。人緣特佳，長輩特別喜愛。

（天秤座•太陽）的人，喜歡交朋友，工作也與朋友有關，你們會呼朋引伴去玩，或揪團去團購。你們適合做網購的工作。但有貴格的人，會有名聲，地位高財運好。做軍警業、旅遊業都適合。

戀愛運

（天秤座•太陽）的人，陰柔的異性會吸引你。也會早婚或晚婚。你們性格雖較陽剛，但溫和，有魅力。你們不瞭解愛情，厭煩婚姻生活無味。有人會外遇，但又回家了。你們最終還是過平凡快樂的生活。

金錢運

（天秤座•太陽）的人，多半是上班族。不能做生意。你們怕麻煩，怕算帳。會請別人來經營，但會失敗倒店。

有些人會有祖產可維生的人，就能收利息和收租來生活。生活無憂。

事業運

（天秤座•太陽）的人，人緣好、適應力強，對朋友有吸引力。做旅遊業、網購工作、學校老師、法官、律師、保險業、廣播員。適合做公職考公務員或軍警職、或在國家機構、政府機關工作。有貴格的人，會有名聲，能得大成就與富貴。你們愛東跑西跑愛玩，中年以後會不想工作。

健康運

（天秤座•太陽）的人，身體健康，但要小心高血壓、心臟病，以及腦中風等的疾病。有些人要小心糖尿病和高血脂、及膽固醇過高的毛病。

磁場相合的星座與命格

（雙子座•太陰）❤❤❤❤
（寶瓶座•天同）❤❤❤
（獅子座•同梁）❤❤❤
（射手座•同巨）❤❤❤

不想與其溝通的星座與命格

（金牛座•七殺）

（金牛座•七殺）的人愛錢，又強悍，（天秤座•太陽）的人不想招惹他。看不慣他。

天秤座＋陽梁命格的人

命運特質

（天秤座•太陽、天梁）的人，是節氣為秋分到霜降節氣、深秋時節的人。金氣重。太陽屬火，秋火氣弱。天梁屬土，也洩弱。此命格的人，天梁的蔭庇及復建功能也稍弱。太陽不旺。故會少有『陽梁昌祿格』貴格。易懶散、工作運不強。

（天秤座•陽梁）的人，愛玩、愛東奔西跑和瞎忙，你們喜歡快樂的平凡生活。稍弱的長輩運和貴人運，對你們的享福和平凡生活仍幫助很大。但你們不喜歡別人管，因此連升官運和財運都較差。只會操勞和瞎忙，是非糾紛會變多。

戀愛運

（天秤座•陽梁）的人，表面看你們人緣好桃花多，但戀愛運不佳。你們心裡總有很多的糾結跟疑問。自己又愛逃避責任，有些鄉愿、怕得罪人，好逸惡勞，最後會找到懶惰、愛玩，話多的配偶。和你一樣的又喜歡表功，遇事愛推諉的人。

金錢運

（天秤座•陽梁）的人，靠薪水族生活財運普通。你可能無貴格，你會擁有家產，生活無虞。命宮在酉宮的人，會到處飄盪，會做國術館跌打損傷的師傅、四處行走的算命師，或按摩師父的營生，過活養家。生活不富裕。

事業運

（天秤座・陽梁）的人，喜過平凡生活，事業運不強。你並不在乎成就與地位。有貴格的人較少。無貴格的人，只會是一般的上班族。你們凡事樂觀，愛玩，喜歡出國旅遊，倒處跑跑，也有善心做慈善事業、做國際社工最能完成你們的志向。

健康運

（天秤座・陽梁）的人，身體健康，但要小心高血壓、腦中風、脾胃的問題，或糖尿病、皮膚病。子時、午時生人，會健康與財運都不好，易早夭。

磁場相合的星座與命格

（雙子座・太陰）♥♥♥♥♥
（寶瓶座・同陰）♥♥♥♥
（獅子座・同梁）♥♥♥♥
（射手座・機巨）♥♥♥♥

不想與其溝通的星座與命格

（雙魚座・廉殺）

（雙魚座・廉殺）的人情緒化又遇事糊塗蠻幹，（天秤座・陽梁）的人覺得想不通，價值觀也不同。

天秤座＋日月命格的人

命運特質

（天秤座•太陽、太陰）的人，是節氣為秋分到霜降節氣、深秋時節的人。金氣重。太陽屬火，太陰屬水，生於秋季，太陽氣弱，太陰居旺。此命格的人，會情緒起伏多變化，多愁善感，愛哭，陰氣盛、陽氣弱。會做上班族，但也不積極，主富不主貴。

（天秤座•日月）的人，愛玩，愛過平凡快樂的日子，喜歡戀愛。縱使有貴格的人，工作也不積極，學歷稍高，不重視成就，也可能不工作。只追求戀愛和快樂享福的生活。你們生性樂觀，人緣好、會呼朋引伴的聚會或玩耍旅遊，生活愜意。

戀愛運

（天秤座•日月）的人，愛享受快樂生活，專以追尋同道戀人為目標。要過平凡幸福的生活。全心全意想找到能給他們良好物質生活的配偶。雖稍有坎坷。仍然能挑選到好配偶。

金錢運

（天秤座•日月）的人，是薪水族一員。要看原生家境是否富裕，父母富裕的，則享福多。父母不富的，則生活困窮一點。你們工作不積賣力，不積極賺錢，財運常不穩定。大運的變化也多，人生常忽好忽壞。但你們仍能忍耐，小有積蓄。

事業運

（天秤座・日月）的人，沒有事業運，工作運很差，又缺乏貴人。喜歡談戀愛，不願競爭。愛玩樂，東跑西跑，也沒無上進心，通常會做沒有職稱的工作，如老師、秘書、顧問，工作不長久，常因情緒起伏或戀愛問題而換工作。還好，總是有人會支持你的快樂生活。

健康運

（天秤座・日月）的人，身體尚可，但要小心有傷災、車禍。還要小心血液的問題。要小心一切與手足神經有關的問題。

磁場相合的星座與命格

（雙子座・同梁）♥♥♥♥♥
（寶瓶座・天同）♥♥♥♥
（獅子座・巨門）♥♥♥♥
（射手座・天梁）♥♥♥♥

不想與其溝通的星座與命格

（金牛座・廉破）

（金牛座・廉破）的人說話難聽，又勢利眼，（天秤座・日月）有公主王子病，覺得受欺負，彼此看不慣。

天秤座＋陽巨命格的人

命運特質

（天秤座‧太陽、巨門）的人，是節氣為秋分到霜降節氣、深秋時節的人。太陽屬火，秋火氣弱，巨門屬水，金水相生較旺。此命格的人，人緣好，喜歡揪團玩樂，話多，愛講不停，非常聰明，會有古怪的創意。但做事會不積極，你們愛玩，愛到處跑跑，做事馬虎。未到中年易怠惰。一生口舌是非多。

（天秤座‧陽巨）的人，工作常斷斷續續，做與口才相關的行業好你會得心應手。你的人生常不順，在戀愛和工作、交友都有競爭。常麻煩不斷。工作上要做與口才、是非糾紛、麻煩有關的工作，多競爭和鬥爭，會更適合你們。你們適合專門替人解決麻煩問題的人。命格中有『天刑』的人，在法院、監獄任職。天秤座注重公平，很適合你們。

戀愛運

（天秤座‧陽巨）的人，戀愛中總有情敵出現。你們總要和人競爭來得到情人或配偶。但愛玩，愛東跑西跑，並不真心的追求情人，只是隨便的參與別人的戀愛競爭。當作樂趣，有時也會追求失敗，但你自己覺得很值得。至少度過了一段戀愛時光。你有點幼稚，年紀大一點你才會找到真正的靈魂伴侶。

金錢運

（天秤座‧陽巨）的人，是薪水族命格。父母稍窮，自己的財運也不順，牛年、羊年有爆發運，可富裕一些。你們的理財能力不佳，戀愛及工作會斷斷續續，要多學習技能來賺錢。也要精研理財技術，人生會順遂。

事業運

（天秤座・陽巨）的人，少有事業運。工作運也不佳，既愛玩，愛東跑西跑的，時常多是非，工作做不長。常斷斷續續。領薪水不多。你們多半做與口才、糾紛有關的工作。此命格的人有貴格的人少。所以只是一般上班族或打工族，適合做仲介業、老師、博物館或百貨公司解說員、司法人員、醫護員、保險經紀、接線生等。

健康運

（天秤座・陽巨）的人，身體健康，但中年逢到大運低落時會有病痛。有膿血之症、淋巴系統的毛病、或大腸、肺部、消化系統潰爛、高血壓、心臟病等，要多買保險。

磁場相合的星座與命格

（雙子座・同陰）❤❤❤❤❤
（寶瓶座・太陰）❤❤❤❤
（獅子座・機梁）❤❤❤❤
（射手座・天同）❤❤❤❤

不想與其溝通的星座與命格

（雙魚座・紫破）

（雙魚座・紫破）的人情緒多變，口沒遮攔，（天秤座・陽巨）的人會感覺受辱，問題很多。

天秤座＋武曲命格的人

命運特質

（天秤座•武曲）的人，是節氣為秋分到霜降節氣、深秋時節，金氣重。武曲也屬金，故是金氣超旺。此命格的人，注重公平公正，自主能力很強。脾氣硬，但對人圓滑，人緣好，也愛玩與旅遊，有獨特的創意。很重視自己的權益和義務，講求公平過日子。

（天秤座•武曲）的人，對錢財敏感，但不會理財。有『武貪格』爆發運，必須逢到火土年會爆發得大。做軍警業會立大功及大富貴。此命格的人，較少有貴格，所以你們大多主富為主。爆發運無火不發，很多人一生發一次很大的，也有些人終身未發。那是因為命格有瑕疵，全然是金水格局之故。

戀愛運

（天秤座•武曲）的人，要找會工作賺錢的配偶。或能幫助自己事業的人。厭惡沒用的人。你們雖會說不計較的話，但覺得沒用的人，你是不會多看一眼的。你的配偶通常有自己的工作，都很忙碌。你們會晚婚。中年後你們會更吝嗇，或不婚。

金錢運

（天秤座•武曲）的人，財運很好，喜歡賺錢，但你們也愛玩。有點吝嗇，常一面玩一面賺錢。你們人緣好，人面廣，常靠朋友賺錢。但因為財庫不佳，房地產未必存得住。你們適合存現金，做金融業、火金類產品的生意、或開餐廳、加油站、咖啡館、燈籠店等。做軍警業也不錯，或跟軍需有關、或與立功獎金有關的錢財。辰年、戌年有爆發運，能得大財富。

事業運

（天秤座‧武曲）的人，事業運極佳，愛靠人緣關係東跑西跑去賺錢。從商可主富，但你們不喜負責任，未必會做大老闆。從軍警職可升官。你們愛賺大錢，但會好高騖遠。而且你們愛玩，對員工的管理鬆懈，理財能力差，必須與人合夥，才能賺錢。持續打拼，逢火土年能大發富貴。

健康運

（天秤座‧武曲）的人，身體健康，但要小心大腸癌和消化系統的問題，以及肺癌、支氣管炎、脾胃、糖尿病及泌尿系統、膀胱等問題。

磁場相合的星座與命格

（雙子座‧貪狼）♥♥♥♥♥

（寶瓶座‧紫府）♥♥♥♥

（獅子座‧天府）♥♥♥♥

（射手座‧廉相）♥♥♥

不想與其溝通的星座與命格

（雙魚座‧廉破）

（雙魚座‧廉破）的人既情緒化又行為放肆、耗財多，（天秤座‧武曲）的人有些喇仙頭腦不清，但注重錢財不浪費，彼此看不慣。

天秤座＋武府命格的人

命運特質

（天秤座•武曲、天府）的人，是節氣為秋分到霜降節氣、深秋時節，金氣重。武曲屬金超旺，天府屬土會洩弱。此命格的人，特別愛賺錢，但儲存錢財能力較弱。

（天秤座•武曲、天府）的人，愛玩，愛跑來跑去，愛做到處巡察的公務員，或軍警人員。你們也會做臨時教職，你們結婚前家中和睦，婚後與配偶不合。易離婚再婚。若能忍耐，也能順利。你們外表油滑內心脾氣硬的人。人生常有起伏，有貴格的人極少，工作不算認真，尚須努力會有積蓄。某些人會做政治業及軍警業，必須有化權，才會有掌權地位。也能擁有較多財富。

戀愛運

（天秤座•武府）的人，戀愛運與配偶運都超差，一方面你們對善、惡有兩極端的看法，思想有些怪異，常突發奇想的創意，讓人不敢苟同。你們又重視公平和正義，更愛和性格與價值觀不同的人談戀愛，你們會晚婚，結婚後磨合不佳。易離婚再婚。

金錢運

（天秤座•武府）的人，稍有賺錢能力，理財和存錢能力不佳。工作運還不錯，需要多規劃及經營，就會大進財。你們的但存錢的能力不行，須要改進。你們的父母可能沒有家產給你，也許你須要負擔家計。

事業運

（天秤座・武府）的人，事業運頗佳，你喜歡做各營業點連絡的工作，東跑西跑的，不嫌煩。你對工作很忠誠，能創造良好的業績，是公司老闆及上司很企重的管理人才。如果不是這種具有某種自由度的工作。你會做不長久。你不會自己創業。你對事業有信心，特別是做政治方面與軍警業的人，能有階段性的成功，小有成就。

健康運

（天秤座・武府）的人，身體健康，要小心心肺功能、感冒、肺炎、和膀胱、生殖系統的毛病，也怕乳癌、下半身寒涼、高血壓、腹痛等毛病。

磁場相合的星座與命格

（牡羊座・紫相）♥♥♥♥♥

（雙子座・廉相）♥♥♥♥

（天秤座・紫殺）♥♥♥♥

（寶瓶座・天府）♥♥♥♥

不想與其溝通的星座與命格

（金牛座・貪狼）

（金牛座・貪狼）的人性格強勢，對錢財小心，（天秤座・武府）的人無法與他共事，彼此看不慣。

天秤座＋武相命格的人

命運特質

（天秤座•武相）的人，是節氣為秋分到霜降節氣、深秋時節的人，金氣重。武曲屬金極旺，會發亮，天相屬水，也很旺。此命格的人，生活較富裕舒適，可享衣食之福。有時也會懶一點。你較愛玩，愛跑來跑去，富母對你很愛護，你過得暢心如意。天相是勤勞的福星，必須勞動才有財福。所以你也必須勤勞理財才能富有。

（天秤座•武相）的人，生於天秤座尾的人較易有貴格，可有高學歷，也可做官，成就較高。父母會留家產給你能主富。無貴格的人會過平凡快樂的生活。你們會做和衣食有關的行業。

戀愛運

（天秤座•武相）的人，會晚婚，也能做戀愛高手，但你們無法真正了解異性，常懶惰愛玩。你們容易找到是非多的麻煩配偶及親家，婚姻困難多。

金錢運

（天秤座•武相）的人，你們愛玩，耗財較兇，愛享福。父母會照顧你，給你錢花。你自己也會有好職業和好的收入及積蓄，父母會留給你家產，你一生快樂享福，享用不完。

事業運

（天秤座‧武相）的人，工作運超好，能做公務員、機構經理或老闆。做賣衣食，或開遊樂園、旅館。此命格的人，很容易會繼承家業再發揚光大。你會奔波忙碌，一面工作，一面玩，特別愛吃、或愛穿。有貴格的人，會有高學歷和國外旅遊的經歷，能接替父母家族的產業加以擴大，事業可變得愈來愈大。

健康運

（天秤座‧武相）的人，身體健康，但要小心高血壓、心臟病、脾胃的毛病，糖尿病、淋巴系統、泌尿系統的問題，常感冒、肺部、支氣管炎、大腸疾病、便秘等。

磁場相合的星座與命格

（雙子座‧紫微）♥♥♥♥♥
（寶瓶座‧武曲）♥♥♥♥
（獅子座‧廉府）♥♥♥♥
（射手座‧破軍）♥♥♥♥

不想與其溝通的星座與命格

（雙魚座‧機陰）

（雙魚座‧機陰）的人情緒化、脾氣怪，愛耍脾氣挑毛病。（天秤座‧武相）的人雖圓滑，不想理他，自己享福，彼此看不慣。

天秤座+武貪命格的人

命運特質

（天秤座・武貪）的人，是節氣為秋分到霜降節氣、深秋時節的人，金氣重。武曲屬金，會更亮極旺。貪狼屬木，金木相剋，較弱。『武貪』本是爆發格，會有偏財運，但需火來引發。此命格的人，很容易缺火，若生於天秤座尾端，較易爆發得大。

（天秤座・武貪）的人，愛玩，愛跑來跑去，脾氣圓滑，人際關係不錯，會靠人際關係賺錢。牛年、羊年有爆發運發生。火年、土年會爆發的大。金水年會爆發的小或不發。卯、酉年為爆落期。你適合做軍警業或生意人，能因爆發運而發大富貴。你們命格中較少貴格，人生以主富或功業為主。

戀愛運

（天秤座・武貪）的人，會晚婚，在三十五歲爆發運以後結婚，會找到好配偶。配偶也能保你富貴長久一點。此命格的人雖吝嗇小氣，但對自家老婆、孩子很大方。你的戀愛運好。也懂得保有家庭凝聚力。

金錢運

（天秤座・武貪）的人，財運普通，爆發運來時財運特佳，賺錢機會不太多。理財能力不好，配偶能幫忙理財。牛、羊年有爆發運，能有大財富。卯、酉年爆落。人生有變化。若連著三個大運好運。能成為億萬富翁以上。

事業運

（天秤座・武貪）的人，工作運氣還好。愛東跑西跑的工作。做軍警業較好。你們一生最大的機會在火土年時的牛、羊年的爆發運，若能抓住機會，會發得大而成功。要小心金水年的卯、酉年會敗落很慘，小心無法復元。此命格的人有貴格的人少。如果有貴格，必為人中蛟龍，必有作為。

健康運

（天秤座・武貪）的人，身體健康。但要小心手足傷、四肢酸痛、肺部、支氣管炎、大腸、消化系統的問題，以及心臟病、高血壓，頭痛症。

磁場相合的星座與命格

（雙子座・紫府）❤❤❤❤❤

（寶瓶座・天府）❤❤❤❤

（獅子座・武府）❤❤❤❤

（射手座・紫殺）❤❤❤❤

不想與其溝通的星座與命格

（金牛座・陀羅）

（金牛座・陀羅）的人會頑固急躁的想得到發財方法，（天秤座・武貪）的人很煩，會躲避他，彼此看不慣。

天秤座＋武殺命格的人

命運特質

（天秤座・武殺）的人，是節氣為秋分到霜降節氣、深秋時節的人，金氣重。武曲、七殺都屬金，會更亮、超旺、超硬。此命格的人，強硬的凶勁十足。你們也愛輕鬆愛玩，自以為玩有理，會一面工作一面玩，不准別人議論。你會有自己對善惡解釋與想法，對他人不講情面。

（天秤座・武殺）的人，從武職（軍警業）最佳，做常移動調防的軍警人員，會有升職機會。做文職或固定的上班族，會賺錢不多窮困，而且做不長久。其他如做體力的工作，會沒有成就感。你不愛勞動，愛做決斷性的工作，如法官，或獄警。命運多變化。注意傷災及車禍問題。

戀愛運

（天秤座・武殺）的人，性格冷，在火土年，你較活躍，易找到靈魂伴侶。你的外表酷酷的。婚姻運很好。能找到陪伴及幫助你理財與理家的配偶。只是頭子難，繼續生第二子就順利了。

金錢運

（天秤座・武殺）的人，較樂觀，不太在乎錢。你在火土年財運好，會多賺錢財。金水年財運會不佳，你喜歡賺立功行賞的錢。所以做軍警業為佳。你們很節儉，有配偶會幫你理財存錢。視薪水族的財運。

事業運

（天秤座・武殺）的人，工作運特佳，軍警武職能立大功，成就大富貴。文職不佳較窮。你們適合做體力活，不適合做腦力的工作，喜歡奔波跑來跑去的工作，常做外勤工作，對你們有益。有貴格的人，能做法官、書記官、監獄長。警察局長、警務處長、將軍等。

健康運

（天秤座・武殺）的人，健康良好。但要小心肺部、汽管炎、大腸、膀胱、生殖系統、及下腹部寒涼的問題。女性也要小心乳癌、卵巢、子宮等問題。

磁場相合的星座與命格

（雙子座・天府）♥♥♥♥

（寶瓶座・紫相）♥♥♥

（獅子座・廉府）♥♥♥

（射手座・天相）♥♥♥

不想與其溝通的星座與命格

（雙魚座・同巨）

（雙魚座・同巨）的人說得比唱得好聽，對人不真心，（天秤座・武殺）的人，討厭假惺惺，會趕走他。

天秤座＋武破命格的人

命運特質

（天秤座•武曲、破軍）坐命的人，是節氣為秋分到霜降節氣、深秋時節的人，金氣重。武曲居平屬金會亮，稍旺。破軍居平屬水，也稍旺。此命格的人，性格酷酷的，對人還算溫和。只是有自己獨特的善惡看法。你們會樂觀、愛玩，愛跑來跑去。為理想耗財，得財不太多。火土年你們會進財多一些。也會邊玩邊工作，一派輕鬆。

（天秤座•武破）的人，做軍警業較佳，會有固定薪資與退休金，生活無虞。做文職會較窮。有貴格的人會有成就。你喜歡到處旅遊冒險，會有平凡快樂的人生。

戀愛運

（天秤座•武破）的人，你們是戀愛高手，也是戀愛獵人，專門會巡獵捕獲漂亮俊俏的對象。你不管抓的是老虎或綿羊，愛情不長久，常是露水姻緣，一生中易有多段婚姻。

金錢運

（天秤座•武破）的人，不會理財，你對錢不在意，賺錢較不易，辛苦艱難的錢，你不想賺。跟血光、傷災有關的錢財，也不想賺。做軍警業對你有利，會賺錢簡單，生活輕鬆。做文職會窮。你也愛輕鬆享樂，積蓄不多。若卯、酉年有爆發運的人，會發富。

事業運

（天秤座‧武破）的人，工作運不錯，你們較少有貴格，較難成為高階主管。多競爭的行業會為你們帶來高薪。但你們喜歡爭高職。軍警業、政治界、或情報人員、或是救難、車禍現場的救助工作，會成為你們職業範圍。做文職不富裕。

健康運

（天秤座‧武破）的人，身體健康，但要小心高血壓，頭痛、中風、心臟病、糖尿病、脾胃方面的毛病、內分泌及淋巴系統的病症。傷災及車禍等。

磁場相合的星座與命格

（雙子座‧廉相）♥♥♥♥♥

（寶瓶座‧天相）♥♥♥♥

（獅子座‧紫相）♥♥♥♥

（射手座‧廉貪）♥♥♥♥

不想與其溝通的星座與命格

（雙魚座‧武府）

（雙魚座‧武府）的人吝嗇愛計較，情緒不穩定，（天秤座‧武破）的人有時要放空輕鬆一下，衝突吵架不斷。

天秤座＋天同命格的人

命運特質

（天秤座•天同）的人，是節氣為秋分到霜降節氣、深秋時節的人。金氣重。天同屬水，金水箱生極旺。但須要火溫暖才好。此命格的人，性格溫和，人緣好，愛玩，玩起來就有精神。很會享懶福。工作時會懶洋洋不起勁。火土年會財運旺。金水年生活較辛苦，窮困，並有糾紛、是非多。

（天秤座•天同）的人，喜歡平凡快樂的生活，超愛享福玩樂。可是未必真正享到福，可能只是跑來跑去，看起來很忙一。也沒真正玩到。你們討厭別人管，積極性不足是關鍵問題。有貴格的人才有成功機會。做文職極佳。

戀愛運

（天秤座•天同）的人，專愛具有超現實、超前衛的思想的人來做戀愛對象，討厭老氣守舊、愚笨的人。你們的火眼睛星，能找到高知識水準、時髦、聰明的人做對象。但易遭騙，更容易碰到兇狠情人。

金錢運

（天秤座•天同）的人，是薪水族格局。財運很弱。上班工作夠生活，但未必穩定。要靠家人及父母長輩接濟。

有貴格的人，會衣食無憂。無貴格的人易有窮困日子。但福星的人總平安無事。

事業運

（天秤座・天同）的人，必須有固定薪水的工作。若在家族事業中工作，也須領薪水。此星座的人財運不佳。你是溫和的福星，雖喜歡管事掌權，但無法掌得住權。你無法駁下，做主管也易被欺負。除非命格中有化權，否則在管理上你無能為力。你平常也不喜負責任。要成就大事業較困難。

健康運

（天秤座・天同）的人，身體健康，但要小心肺部、支氣管炎、大腸、淋巴系統、心臟病、免疫能力下降、耳朵、肝腎、腰痠背痛等問題。

磁場相合的星座與命格

（雙子座・機巨）♥♥♥♥♥
（寶瓶座・機梁）♥♥♥♥
（獅子座・陽梁）♥♥♥♥
（射手座・同陰）♥♥♥♥

不想與其溝通的星座與命格

（雙魚座・廉貞）

（雙魚座・廉貞）的人非常情緒化、假情假意，又諉過於人，（天秤座・天同）的人容易受氣、被欺負，彼此看不慣。

天秤座＋同陰命格的人

命運特質

（天秤座・天同、太陰）的人，是節氣為秋分到霜降節氣、深秋時節的人。金氣重。天同與太陰都屬水，金水相生極旺，但須火來溫暖較佳。此命格的人，外表有些酷酷的，人緣還不錯。會愛玩，跑來跑去，工作不積極，財運普通。夏天運氣較好好。火年、土年財運佳，會享福多。

（天秤座・同陰）的人，是薪水族命格，向來以愛情與享福為人生目標。此命格的人更甚。牛、羊年有爆發運，能爆發財富。命格中有貴格的人，為高級公務員資格的人，成就較高。無貴格的人，人生起伏多。

戀愛運

（天秤座・同陰）的人，是戀愛超極高手。一生都活在愛情與享受中。不斷尋找自以為合格的對象。他們主要依靠戀人來生活與有財富的。火年、土年會財運好，戀愛運佳、享福多。此命格的人，戀愛空窗期會窮。戀愛精彩會發富。

金錢運

（天秤座・同陰）的人，天生是薪水族的格局。財運靠戀愛做靠山，窮時靠窮情人生活。富時會有多金的戀人供養。你們長相美麗俊俏，在牛、羊年有爆發運，會過富足生活，人生的變化仍然起落分明，無法控制。

事業運

（天秤座・同陰）的人，是薪水族格局的人。做公務員或薪上班族，你們愛玩，喜歡平凡富足生活。窮的時候才工作。工作會斷斷續續不長久。命格中有貴格的人，會有高學歷與成就。某些人的爆發運也會發在工作上。

健康運

（天秤座・同陰）的人，身體健康。要小心腎臟和肺部、淋巴系統、泌尿系統的問題、膀胱不好。以及手足之災，還有傷風感冒、乳房、生殖系統的問題。宜多吃紅色、土黃色蔬果。

磁場相合的星座與命格

（雙子座・太陽）♥♥♥♥♥

（寶瓶座・機梁）♥♥♥♥

（獅子座・天梁）♥♥♥♥

（射手座・巨門）♥♥♥♥

不想與其溝通的星座與命格

（金牛座・破軍）

（金牛座・破軍）的人吝嗇，又愛花錢耗財，（天秤座・同陰）的人，常吃悶虧，害怕看錯人，彼此看不慣。

天秤座＋同梁命格的人

命運特質

（天秤座•天同、天梁）的人，是節氣為秋分到霜降節氣、深秋時節的人。金氣重。天同屬水，金水相生稍旺。天梁屬土被洩弱。天同、天梁彼此相剋，是土蓋水。此命格的人，性格溫和，人緣好，愛玩，愛跑來跑去。平常做事提不起勁來。夏天時較起勁。

（天秤座•同梁）的人，喜歡過平凡快樂的日子。既怕負責，也不想出勞力的人。愛閒聊，或揪團旅遊，有時會惹是非。有貴格的人，會稍有成就。無貴格者，能作規規矩矩的上班族就很好了。

戀愛運

（天秤座•同梁）的人，是戀愛高手，談戀愛很聰明機靈，口才一流。常用甜言蜜語騙得配偶。他們外型忠厚，巧言善辯、。最後會找到高薪的對象，幫忙養他與養家。

金錢運

（天秤座•同梁）的人，是薪水族格局。戀愛可助其財運，你會以口才聰明來賺錢及吸引情人。你用盡心機在巡找有錢的配偶，讓你可少奮鬥二十年，並能得到可享用的財富。

事業運

（天秤座・同梁）的人，愛玩，會跑來跑去，沒有事業。但會斷斷續續的做些工作。你們很聰明，有一張業務嘴，喜歡聊天和遊說人，做憑口才的業務工作，或教書、傳銷等業務，你會工作輕鬆快樂，得到成就感。命格中有貴格及『化權』的人，有機會成功。沒有貴格及『化權』的人，只是一般薪水族，懶懶的工作。你喜歡訴說夢想自我陶醉，藉以自慰。你最成功的事業是找到能幹或多金的配偶養你和養家。

健康運

（天秤座・同梁）的人，身體還好，但要小心肺部、脾胃、膀胱、免疫能力失調、大腸、氣管炎、感冒等疾病。

磁場相合的星座與命格

（雙子座・天機）♥♥♥♥♥

（寶瓶座・同陰）♥♥♥♥

（獅子座・天相）♥♥♥♥

（射手座・同巨）♥♥♥♥

不想與其溝通的星座與命格

（金牛座・廉殺）

（金牛座・廉殺）的人很吝嗇，痛恨他人工作能力不佳。（天秤座・同梁）的人會被嗆聲，彼此看不慣。

天秤座+同巨命格的人

命運特質

（天秤座・天同、巨門）的人，是節氣為秋分到霜降節氣、深秋時節的人。金氣重。天同、巨門都居陷，都屬水，雖稍旺一點，但命格太寒。你們是愛玩，愛跑來跑去，人緣好，喜揪團玩樂，工作上易提不起勁。要小心身體有病，心臟及淋巴系統不好。

（天秤座・同巨）的人，天生好命，父母對你特好，以致兄妹有些嫉妒。你從小身體弱，常請假不上課。工作也會做做停停。有貴格的人會有高學歷和好的工作。有『明珠出海』格的人，會有富貴人生。（※『明珠出海』格請參考法雲居士所著《使你升官發財的『陽梁昌祿格』》一書。）

戀愛運

（天秤座・同巨）的人，你們原本就是戀愛高手。生於此星座的人，會命格太寒涼，本命財少。要看本命的配偶運是否好，若找到較窮的配偶，會無法享福常吵架。你雖會交際，但幫不了配偶升官發財。找有貴格及做公務員的配偶，會帶給你平順生活。

金錢運

（天秤座・同巨）的人，財運不

好，也無心工作，也未必父母肯接濟。若自己稍能工作，雖做做停停，生活仍然愜意。火、土年財運好。金水年要借貸渡過了。

事業運

（天秤座・同巨）的人，毫無事業運，工作也做做停停，愛旅遊玩樂，偶而打工，算是薪水族。但做不久，有些人會不斷的換工作。有些人會玩樂享福，等待家人的接濟。有貴格的人，會有固定的工作，生活稍優裕。

健康運

（天秤座・同巨）的人，表面健康。身體有隱性的病症。要小心耳朵、心臟及內分泌、甲狀腺、淋巴系統、消化系統、腎臟、生殖系統的開刀手術。

磁場相合的星座與命格

（雙子座・太陰）♥♥♥♥♥
（寶瓶座・天機）♥♥♥♥
（獅子座・太陽）♥♥♥♥
（射手座・巨門）♥♥♥♥

不想與其溝通的星座與命格

（金牛座・武府）

（金牛座・武府）的人，喜歡工作賺錢，討厭不工作的人。（天秤座・同巨）的人自相形穢，彼此看不慣。

天秤座＋廉貞命格的人

命運特質

（天秤座•廉貞）的人，是節氣為秋分到霜降節氣、深秋時節的人。金氣重。廉貞屬火，秋火氣勢衰絕。此命格的人，需火旺，才會財運好，智謀多，企劃能力好。你們愛玩，人緣好，愛跑來跑去，愛交際，會揪團去玩，做旅遊業好。你們愛瞎忙。夏天時才會賺錢多。

（天秤座•廉貞）的人，命格缺火會有些愚鈍。運氣不好。做事不爽快、愛拖拖拉拉，責任心也不強。常有無力感。外觀陰沉，不開朗。命格有貴格的人會有成就。無貴格的人其學歷和事業成就都不高。

戀愛運

（天秤座•廉貞）的人，愛玩，愛跑來跑去，愛交際，但對情人愛情不深，不喜負責任，更會溜走。你們會在夏天好運時談戀愛，冬天運衰時就逍分手了。命格不旺的關係，性格常有無力感，夏天戀愛要速佔速決的結婚，否則不易結婚。

金錢運

（天秤座•廉貞）的人，財運過得去，不算好。你們的大財運不多，生活之資是有的。如果要借錢也借得到。你在火、土年能賺錢較多。在金水年會窮困。火土年你們會打拼。金水年你們會怠惰懶洋洋。中年以後更沒力，賺錢不易。多穿紅色、咖啡色的衣物較吉。

事業運

（天秤座・廉貞）的人，火土年會心情好，較積極。金水年會心情低落，行動緩慢。你們雖愛賺錢，對政治、掌權、地位都有興趣，愛做官，但不一定如願。有貴格的人能做官。無貴格的人，是上班族或小商人命格。做餐廳也不錯。

健康運

（天秤座・廉貞）的人，身體健康，但很勞碌。要小心膿瘡、血液的問題、肝腎和消化系統的毛病。要小心糖尿病、胃病。

磁場相合的星座與命格

（雙子座・貪狼）♥♥♥♥♥
（寶瓶座・武曲）♥♥♥♥
（獅子座・紫相）♥♥♥♥
（射手座・武府）♥♥♥♥

不想與其溝通的星座與命格

（金牛座・陽巨）

（金牛座・陽巨）的人吝嗇又廢話多，愛指責別人。（天秤座・廉貞）的人嫌麻煩，不想聽，彼此看不慣。

天秤座+廉府命格的人

命運特質

（天秤座・廉府）的人，是節氣為秋分到霜降節氣、深秋時節的人。金氣重。廉貞屬火，很弱，天府屬土，也洩弱。此命格的人，會愛玩，會跑來跑去，你們很樂觀而怠惰。要到火、土年你們的錢財才會稍多。夏天時才會發奮。

（天秤座・廉府）的人，你們愛玩愛旅遊，會揪團一起玩耍。人緣很好，喜歡結交達官顯貴，或建立關係的，達成自己遊玩的目的。但你們秋冬時就不想玩了，也不想賺錢。你們會打破世俗觀念來做事。你們少有貴格。通常以富增貴。以錢買貴。

戀愛運

（天秤座・廉府）的人，你們對善惡的標準和常人不一樣。會找到價值觀不同的情人或配偶。你們很冷感。多半會再婚、三婚。老年時會孤獨。你們不相信別人，有自己獨特選對象的方法，人生中要經常解決感情及離婚問題。

金錢運

（天秤座・廉府）的人，財運普通。夏天運氣好，賺錢多。冬季運氣差，會懶洋洋。你不見得相信神明，但會到處拜拜求財。人生運氣雖有起伏，你仍然稍有積蓄，生活順利。

事業運

（天秤座•廉府）的人，工作運普通，衣食無缺。也喜歡做與衣、食業相關的行業，或能存錢的行業。也會做能多賺錢的行業。例如做政治業、銀行業、金融業、保險業、仲介業、飲食業、服飾業等。在這些行業中你很平凡。稍能存到一點錢，你就滿足了。你喜歡過平凡快樂的生活。

健康運

（天秤座•廉府）的人，身體健康。但要小心膿血之症、長腫瘤或膿包，以及手足之傷、肝腎毛病、子宮、輸卵管、輸精管、攝護腺等問題。也要小心血液的問題。

磁場相合的星座與命格

（雙子座•紫微）♥♥♥♥♥
（寶瓶座•紫殺）♥♥♥♥
（獅子座•武相）♥♥♥♥
（射手座•七殺）♥♥♥♥

不想與其溝通的星座與命格

（金牛座•巨門）

（金牛座•巨門）的人吝嗇又貪心赧，是非多。（天秤座•廉府）的人不想分出利益，很難溝通，彼此看不慣。

天秤座+廉相命格的人

命運特質

（天秤座・廉貞、天相）的人，是節氣為秋分到霜降節氣、深秋時節的人。金氣重。廉貞屬火很弱，天相屬水，金水相生，氣勢較旺。此命格的人，愛玩，愛跑來跑去，愛瞎忙。你們人緣好，常揪團去團購，或一起旅遊遊玩。你適合做旅遊業。你喜歡享福，但未必享得到，夏季或火土年你較順利、發財。

（天秤座・廉相）的人，在夏天會運氣好、能力強，財福多。冬天不吉，賺錢少。生於此命格的人龍年、狗年有爆發運。火土年會爆發大。金水年較小或不發。命宮中有擎羊的人，為『刑囚夾印』格，會吃虧受欺負。

戀愛運

（天秤座・廉相）的人，愛玩，愛旅遊，常在旅途中認識對象，成為配偶。愛東跑西跑，常不在家，常使配偶抱怨。你們外表很忠厚老實，好像不會作怪。但也對異性不瞭解，令配偶唸叨。

金錢運

（天秤座・廉相）的人，財運普通，夏天較易賺錢多，冬天賺錢少，你們愛玩、愛跑來跑去，邊玩邊賺。有固定的工作較好，閒暇時再兼一份差來賺錢。辰、戌年有爆發運，財富會較多。你的父母不太有錢，家財少，兄弟姊妹很愛吵，父母會讓你來管理家產。你較注重公平公正，分得的財產也不多。

事業運

（天秤座・廉相）的人，工作運就是爆發格『武貪格』，逢到龍年、狗年，就會有事業爆發。火土年爆發較大，金水年爆發較小或不發。你適合做軍警業或直接與錢財有關的行業。如金融業、房地產、銀行工作。財運爆發時會很大。

健康運

（天秤座・廉相）的人，身體健康。要小心手足之傷，肝腎的毛病。糖尿病、免疫能力較差，以及血液的問題。地中海型貧血等。有『刑囚夾印』格，會有兔唇或傷殘，須多次開刀手術。

磁場相合的星座與命格

（雙子座・武曲）❤❤❤❤

（寶瓶座・紫府）❤❤❤

（獅子座・破軍）❤❤❤

（射手座・天府）❤❤❤

不想與其溝通的星座與命格

（巨蟹座・天機）

（巨蟹座・天機）的人思慮多變，搞小聰明整人。（天秤座・廉相）的人，不小心就上當，搞不過他。

天秤座＋廉殺命格的人

命運特質

（天秤座•廉貞、七殺）的人，是節氣為秋分到霜降節氣、深秋時節的人。金氣重。廉貞屬火，氣弱。七殺屬金會較旺。此命格的人，愛玩，會為玩打拼，東跑西跑的瞎忙。夏天火熱時，會運氣好、可多賺錢生活。冬天則易情緒不佳，很兇，很悶，會有無力感。你們雖樂觀，仍有要小心憂鬱症的危險。你們節儉吝嗇，因為財不多。火土運對你有利。

（天秤座•廉殺）的人，有貴格的人，超會讀書，會有大成就。有『廉殺羊』格局的人，超愛競爭，但身體易有開刀手術，或車禍亡故。你們在錢財上也較拮据。

戀愛運

（天秤座•廉殺）的人，脾氣執拗，吝嗇。不懂戀愛術，但你們會找到好幫手做情人或配偶。基本相親模式或工作中認識的人而結婚，能找到聽話顧家的配偶。還會幫你理財。

金錢運

（天秤座•廉殺）的人，雖常瞎忙，財運不錯。火土年更能賺錢。金水年會較窮。你們能吃苦與冒險的精神，作軍警業或危險的行業，會爆發主富。

事業運

（天秤座‧廉殺）的人，做常調防的軍警職最佳。雜亂、救難隊、髒亂或衝鋒陷陣的工作次佳。做文職及從商主窮困。火土年運較能多賺錢，會奮發努力。金水年會財窮、怠惰。有貴格的人，會有高成就。你會有專業技術維生。有爆發運的人，也會短暫成功。

健康運

（天秤座‧廉殺）的人，身體健康。幼年身體弱。要小心心臟病、血管及血液的毛病。肺部、大腸及車禍的傷害。

磁場相合的星座與命格

（雙子座‧天府）❤❤❤❤❤

（寶瓶座‧武府）❤❤❤❤

（獅子座‧武破）❤❤❤❤

（射手座‧紫貪）❤❤❤❤

不想與其溝通的星座與命格

（金牛座‧紫府）

（金牛座‧紫府）的人，吝嗇又高傲，常看不起人。（天秤座‧廉殺）的人很煩感，不去招惹他。

天秤座＋廉貪命格的人

命運特質

（天秤座•廉貞、貪狼）的人，是節氣為秋分到霜降節氣、深秋時節的人。金氣重。廉貞屬火，極弱，貪狼屬木，也木氣極弱。此命格的人，須火來溫暖，人生較好。會跑來跑去的瞎忙，愛玩。看似沒脾氣，常情緒低落，偶而也會與人有衝突。人際關係普通，對人沒耐心。

（天秤座•廉貪）的人，最適合做軍警業，若在巳、亥宮有爆發運的人，在巳、亥年也會爆發，會有大成就。也會有大財富。做文職較難發富。你們易因桃花糾紛聲名掃地。要努力把持得住，才不會因小失大。

戀愛運

（天秤座•廉貪）的人，脾氣較溫和，都是爛桃花。你們天生樂觀，喜歡搞曖昧，更喜歡性能力功夫好的人，露水情緣很多。很難找到真正愛戀的人。你會死纏爛打，但最終會遇到財多愛你的配偶。

金錢運

（天秤座•廉貪）的人，財運不佳。愛玩及享受，酒色財氣上花費多，你會愛游玩與交際。做武職佳。做文職較窮。火土年財運稍好。金水年較窮。早點結婚對你有利，配偶會帶財給你。

事業運

（天秤座・廉貪）的人，必須做軍警業（武職），有爆發格的人會大發成名。也能做大官。天秤座此命格的人，人緣較好一點。也會做科技類、專業類的事業，賺錢較多。做文職、教書較窮。有貴格的人，成就會高。大運不佳時，也會前功盡棄或提不起勁。夏天出生的配偶會鼓動你，對你有幫助。

健康運

（天秤座・廉貪）的人，身體健康，但要小心神經系統失調的毛病。手足受傷，肝腎的毛病、性病、及腸胃等消化系統不佳等。

磁場相合的星座與命格

（雙子座・天府）♥♥♥♥♥

（座寶瓶・紫破）♥♥♥♥

（獅子座・天相）♥♥♥♥

（射手座・紫相）♥♥♥♥

不想與其溝通的星座與命格

（巨蟹座・巨門） 

（巨蟹座・巨門）的人很嘮叨，討厭死氣掰咧的人，（天秤座・廉貪）的人運氣差時懶洋洋，對他看不慣。

天秤座＋廉破命格的人

命運特質

（天秤座•廉貞、破軍）的人，是節氣為秋分到霜降節氣、深秋時節的人。金氣重。廉貞居平屬火，極弱。破軍屬水，很旺很寒，需火土來溫暖。此命格的人，愛玩，愛跑來跑去瞎忙。人緣普通，喜歡破財買東西，賺錢不容易。火土年較平順、富裕。金水年不順。

（天秤座•廉破）的人，常無意識的做些大膽的事。或狂妄或用腦不多的事。你們天性愛享福，做事花錢都不顧後果。做軍警業較好，做文職會窮。牛、羊年有偏財運會爆發。會增加財富。命、遷二宮有文昌或文曲的人為窮命，一生不富。

戀愛運

（天秤座•廉破）的人，愛玩，愛跑來跑去，常發生出格的戀愛或露水姻緣。你們敢衝破禮教規範。同居不婚，或二婚、三婚。分手也會快速快決。

金錢運

（天秤座•廉破）的人，財運還不錯，你們喜歡花費大價錢買貴的東西。財窮時就緊縮。你們在火土年大發，金水年窘困。牛、羊年會有爆發運，能多賺錢。做軍警職會收入佳，並能有大富貴的機會。

事業運

（天秤座・廉破）的人，做武職或從商能爆發財富。事業運上具有爆發運，官祿宮是『武貪格』，會有很多好機會，在丑、未年會爆發。工作機會多，你們若不怕復雜、髒亂就能賺大錢。若逢火土年，爆發運更大。做文職不富。雖仍有爆發運，但會爆發小。命格中有文昌、文曲的人，只會做文職，為窮命。

健康運

（天秤座・廉破）的人，身體表面佳，實際會破破爛爛。但要小心多傷災、車禍、開刀，肝腎問題、糖尿病、免疫能力失調、脾胃及大腸的毛病，也要小心淋巴癌和血液的問題。

磁場相合的星座與命格

（雙子座・武貪）♥♥♥♥♥
（寶瓶座・紫相）♥♥♥♥
（獅子座・天相）♥♥♥♥
（射手座・廉相）♥♥♥♥

不想與其溝通的星座與命格

（金牛座・武曲）

（金牛座・武曲）的人看重錢財，討厭瞎闖的人。（天秤座・廉破）的人命格層次不同，彼此看不慣。

天秤座＋天府命格的人

命運特質

（天秤座•天府）的人，是節氣為秋分到霜降節氣、深秋時節的人。金氣重。天府五行屬土，秋土洩弱。須火相生較佳。此命格的人，存錢的能力會沒那麼好，財庫較弱。愛玩，愛跑來跑去，倒是挺樂觀的，喜過平凡快樂的生活。

（天秤座•天府）的人，你愛在靠近金錢的地方工作。做收帳人員，或常變更駐地的軍警業或旅遊業、運輸業會適合你。做會計或金融業常坐不住。做船務公司的會很好。不能做與傷災、刀劍有關的行業，會刑財也財富不豐。命格中有貴格的人會，會成就高。無貴格的人，平凡渡日。

戀愛運

（天秤座•天府）的人，夫妻宮是破軍。總找到和自己想法和價值觀不一樣的對象。常吃虧上當。婚姻運不好，也常離婚。二婚、三婚很平常。你們脾氣好，很樂觀，只是易找到性格剛硬還窮的配偶。生活辛苦。

金錢運

（天秤座•天府）的人，還是愛賺錢及存錢。但財運的起落周期都不一樣。夏天財多，冬天財少。火土年財多、財旺。金水年窮困。雖然存錢不易，但你會努力存錢。天府是財庫星，必要存得住錢，才是財庫。你們愛玩，存錢少。

事業運

（天秤座・天府）的人，愛跑來跑去。要做與財務相關的工作較好。若算帳不行的人會窮困。適合做收帳人員，或常變更駐地的軍警業或旅遊業、運輸業。做自營商會虧本。你們天生愛管錢，但未必會管帳理財。做收帳員，軍警業較會穩定。火土年及夏天會財庫較豐滿。

健康運

（天秤座・天府）的人，身體健康，重要的是脾胃、大腸的問題。此外高血壓、心臟病、肝腎問題、糖尿病、手足傷、膀胱、生殖系統都要小心。

磁場相合的星座與命格

（雙子座・紫殺）❤❤❤❤❤
（寶瓶座・七殺）❤❤❤❤
（獅子座・紫相）❤❤❤❤
（射手座・武府）❤❤❤❤

不想與其溝通的星座與命格

（金牛座・武曲）

（金牛座・武曲）的人吝嗇節省，花錢小心，也會存錢（天秤座・天府）的人存錢比不過他，看不慣他。

天秤座＋太陰命格的人

命運特質

（天秤座•太陰）的人，是節氣為秋分到霜降節氣、深秋時節的人。金氣重。太陰屬水，金生水旺，水氣寒。此命格的人，外表清亮，愛玩。因命格稍涼，易情緒低落，但恢復的快，還算樂觀。喜跑來跑去。

（天秤座•太陰）的人，有宗教信仰。原是喜歡談戀愛的命格，此時人緣交際廣，愛揪團一起遊玩，或團購。是愛享福的人，也享得到福。你可能會有貴格，有高學歷及較穩定的工作事業。本命是以薪水族的格局為主。你們的異性緣很好，生活很富足快樂。

戀愛運

（天秤座•太陰）的人，是戀愛高手，愛談戀愛，會沈緬在愛情中。你們易與女性不合，男性會找較陽剛的配偶結婚，被妻管嚴。女性會過享福的日子。順其自然的戀愛。婚姻運仍然有好有壞，命運稍有不同。

金錢運

（天秤座•太陰）的人，本命旺，命格裡有火來生財的，會發富，房地產多。命格中少火的，會不富。你們愛管錢算帳。但未必算得好，或未必能存錢主富。你們雖愛買房地產。要看大運好壞，才能房地產存得住。火土年較財多。有爆發運的人也要在火土年，才發得大。

事業運

（天秤座・太陰）的人，愛玩，也愛跑來跑去的工作。仍是上班族。你們適合適合做運輸業、船運業或是在銀行做拜會顧客的工作。不然做常跑銀行的會計。你們適合做計算、文職的工作，做軍警武職也會管文書，有貴格的人，會有大成就與富貴。有爆發運的人，會發財也會成就高。

健康運

（天秤座・太陰）的人，健康，但要小心脾胃、大腸、肺部，肝腎或淋巴系統的毛病。也要注意生殖系統、乳癌、子宮或精囊、性病等問題。

磁場相合的星座與命格

（雙子座・太陽）♥♥♥♥♥

（寶瓶座・天機）♥♥♥♥

（獅子座・巨門）♥♥♥♥

（射手座・陽巨）♥♥♥♥

不想與其溝通的星座與命格

（雙魚座・破軍）

（雙魚座・破軍）的人很情緒化，更會情緒勒索，（天秤座・太陰）的人也被打敗了，比不過他。

天秤座＋貪狼命格的人

命運特質

（天秤座•貪狼）的人，是節氣為秋分到霜降節氣、深秋時節的人。金氣重。貪狼五行屬木，金木相剋，秋木凋敗氣弱。此命格的人，易氣不足，須火溫暖補氣。會愛玩、跑來跑去，懶洋洋，做事馬虎，草率。性格好似樂觀、不在乎，常感無能為力。貪狼本是好運星，缺火，運氣會減少，不給力。

（天秤座•貪狼）的人，喜歡跑來跑去。適合做軍警武職。命格中有『火貪格』或『鈴貪格』的人，會有爆發運，也能擁有軍功及大財富。命格中有貴格的人能有成就及地位。夏天時你運氣較好，財運也好。冬天財運差，運氣弱。

戀愛運

（天秤座•貪狼）的人，愛玩，是戀愛高手，自已喜歡東跑西跑，會在遊玩旅途中遇見情人。你們多半晚婚，最後能找到幫助你理財及事業成功的配偶。你喜歡帶財多，性能力與幫夫運都很強的配偶。

金錢運

（天秤座•貪狼）的人，雖然運氣不夠強。但須要打拼才會有富貴。你們較浪費，不太會存錢。賺錢也不強。通常父母會遺留家產給你，配偶會帶財富給你。有爆發運的人會爆發大財富。若財少的人，會做薪水族過活。

事業運

（天秤座・貪狼）的人，做軍警武職較適合。人生發展容易有大成就。做文職會做文教業、出版業、印刷業，多辛苦費力，賺錢少。火土年你們容易大發，金水年會不吉。夏天較有活力運氣好，在冬天伸展不開。以火旺季節的事業能助你多賺錢。

健康運

（天秤座・貪狼）的人，身體健康。但要注意消化系統及神經系統的毛病，心臟病、高血壓，手足的問題，和性病。生殖系統的毛病。

磁場相合的星座與命格

（雙子座・武曲）❤❤❤❤❤
（寶瓶座・武貪）❤❤❤❤
（獅子座・紫微）❤❤❤❤
（射手座・武相）❤❤❤❤

不想與其溝通的星座與命格

（金牛座・武府）

（金牛座・武府）的人，是守財奴，討厭浪費，（天秤座・貪狼）的人手頭鬆，無法守財，彼此看不慣。

天秤座＋巨門命格的人

命運特質

（天秤座•巨門）的人，是節氣為秋分到霜降節氣、深秋時節的人。金氣重。巨門五行屬水，金水相生水旺但寒涼。此命格的人，外表清亮，人緣好，交際廣。愛玩，會喜歡往外跑。你也需要火來溫暖，才能增財。你們人生中是非多，中年以後會怠惰。要靠口才吃飯則無憂。命格中有貴格的人，會成就大。

（天秤座•巨門）的人，幼年有腸胃炎或肝病、或淋巴方面的疾病隨身。有些人可能會做養子，成年後命運好轉，命格高的，可做民意代表。火土年會賺大錢，金水年窘困。你們夏天運氣好，冬天運氣差。有爆發運的人會有大富貴。

戀愛運

（天秤座•巨門）的人，嘴巴甜，是戀愛高手，戀愛術超棒。會找到既會理財、又美麗溫柔的配偶。配偶更為他帶來財富。人生會美滿幸福。

金錢運

（天秤座•巨門）的人，愛玩，會跑來跑去，工作不努力，財運不算好，以口才或是非糾紛混飯吃，教師、律師、法官，黑道等，你們很喜歡生活享受。

本命是薪水族，火土年時，有些人會爆發財富。金水年較窮。

事業運

（天秤座•巨門）的人，是薪水族格局。有貴格的人之正常的工作，做教師、律師、法官，高級公務員或民意代表、立法委員、牧師。會有大成就。其他做保險員、業務員，金融操作員、販售貨品，生活平順。也有靠人吃飯的人。

健康運

（天秤座•巨門）的人，健康尚可，幼年要小心腸胃炎，一生要小心消化系統、大腸的問題、淋巴系統、血液、尿道、及內分泌系統、淋巴癌、耳朵、心臟、便秘、痔瘡、免疫系統、甲狀腺等問題。

磁場相合的星座與命格

（雙子座•太陽）♥♥♥♥♥

（寶瓶座•天機）♥♥♥♥

（獅子座•太陰）♥♥♥♥

（射手座•同梁）♥♥♥♥

不想與其溝通的星座與命格

（天秤座•紫微）

（天秤座•紫微）的人討厭是非口舌麻煩。（天秤座•巨門）的人，難解釋，道德標準不同，彼此看不慣。

天秤座＋天相命格的人

命運特質

（天秤座‧天相）的人，是節氣為秋分到霜降節氣、深秋時節的人。金氣重。天相屬水，金生水旺，水氣寒涼。此命格的人，外表清亮，美麗，性格好，善交際。你也須要火來暖命，故夏天會運氣好，冬天會運氣差。天相是勤勞的福星，你會忙著玩，又會跑來跑去，揪團一起到處旅遊。

（天秤座‧天相）的人，會幫助家庭整理糾紛及困窘，會做一段，休息一段。也會在火年較順利。在金水年較困窘。你講究公平、公道，這會使你和兄弟姊妹比較而覺得不公。雖然你的父母對你好，仍使你覺得不公平。

戀愛運

（天秤座‧天相）的人，愛享福，愛玩。你所處環境較複雜混亂。你喜歡和人一同去冒險。你容易快速與情人發生關係。或同居生活，或可能結婚。婚後會發覺跟你想的不一樣，但卻要花很大的代價逃離或離婚。

金錢運

（天秤座‧天相）的人，雖愛玩、愛享福，工作時也會勤勞認真。也能存錢儲蓄。會做料理家務、餐廳工作、會計、理財行業或金融業、清潔服務業、照顧幼兒、月子中心等行業。你們會做上班族，努力存錢。也會有父母留的家產。生活還算愜意。

事業運

（天秤座・天相）的人，火土年工作很勤奮。金水年會賺錢也少。此命格的人，會一面工作一面玩，你們雖有一點責任感，會做職位不高的工作。工作穩定。由其會做料理善後的工作，清潔服務業、月子中心等行業。有貴格的人，能有大成就。有爆發運的人也能成功。

健康運

（天秤座・天相）的人，身體健康。但要小心地中海型貧血、高血壓、頭痛、泌尿系統、膀胱、內分泌系統、糖尿病、耳朵、腎臟、淋巴系統的問題。

磁場相合的星座與命格

（雙子座・天府）♥♥♥♥♥
（寶瓶座・破軍）♥♥♥♥
（獅子座・天同）♥♥♥♥
（射手座・天梁）♥♥♥♥

不想與其溝通的星座與命格

（雙魚座・巨門）

（雙魚座・巨門）的人情緒多變，口才犀利，（天秤座・天相）的人與他不合看不慣。

天秤座＋天梁命格的人

命運特質

（天秤座‧天梁）的人，是節氣為秋分到霜降節氣、深秋時節的人。金氣重。天梁五行屬土，秋土洩弱。故此命格的人，有些氣勢不足。也會蔭庇不足，或復建不足。你會愛玩，也會遇事閃躲。愛跑來跑去。

（天秤座‧天梁）的人，一定要有貴格的人，會有高學歷及大成就。命宮在巳、亥宮居陷的人，易飄零天涯。你們都會在火土年及夏天運氣好。在金水年和冬天運氣不佳，易財窮。天梁的人必須有名聲才會有成就。火土年有爆發格的人會有大富貴。你必須把握時機好好努力奮發，以免機會錯過。

戀愛運

（天秤座‧天梁）的人，你人緣好，交際廣，也會玩，但常有戀愛糾紛，或有多角戀愛糾纏。你們有辯才，更喜歡和犀利的人相較量，堪稱棋逢對手。婚後家中天天鬥法，耳根不清靜，很傷腦筋。你常溜出去躲避。

金錢運

（天秤座‧天梁）的人，是薪水族的財運格局。你必需有『陽梁昌祿格』的貴格，或爆發格，這樣才會揚名天下，有大成就與富貴。通常你愛玩，貴格不完整。會有固定職業賺錢，父母雖不富，仍會留財產給你。衣食無憂。

事業運

（天秤座・天梁）的人，工作運有起伏。做文職，武職皆佳。天生有蔭庇，有貴格的人，天生會讀書考試。做軍警職，有儒將風範。有貴格的人會做科技業老闆。有爆發運的人會爆發事業及財富，得大富貴。你們本命不錯，但愛玩，愛跑來跑去，會耽誤前程。適合所有的行業，如教書、慈善業、醫療業、護理師、廟公、寫作、軍警、科技等。

健康運

（天秤座・天梁）的人，身體好。但要小心脾胃問題、肺部、支氣管炎、感冒、大腸、糖尿病、免疫能力等問題。

磁場相合的星座與命格

（雙子座・太陽）♥♥♥♥♥

（寶瓶座・太陰）♥♥♥♥

（獅子座・機巨）♥♥♥♥

（射手座・天同）♥♥♥♥

不想與其溝通的星座與命格

（雙魚座・機巨）

（雙魚座・機巨）的人很情緒化，又愛批評人。（天秤座・天梁）的人討厭是非不完，彼此看不慣。

天秤座＋七殺命格的人

命運特質

（天秤座・七殺）的人是節氣為秋分到霜降節氣、深秋時節的人。金氣重。七殺屬金，金氣極旺。此命格的人，表面上很溫和，但自有主見。外表清秀堅毅，雖愛玩，但做事有條理。很能安排自己的生活，自由自在過日子。凡事講求公平公正，肯負責任，肯擔當。你須要火來暖命，財富會增多。多穿紅色、土色衣物用品會心情好，做事更順利。

（天秤座・七殺）的人，愛享受過舒服日子。一般運氣都還不錯，多努力能賺大錢做大事。你們還有爆發運，也能幫你得到大財富。金水運的運氣太寒時，要小心車禍、受傷、開刀，及肺癌與大腸癌的病變。

戀愛運

（天秤座・七殺）的人，會在朋友群或旅遊中遇到戀愛對象。戀愛速度快，決定結婚也很快。如果不合適，要分手時也快，不多糾纏。此命格的人配偶運超好，能找到好幫手共創幸福。

金錢運

（天秤座・七殺）的人，財運很好。愛跑來跑去的一面玩一面賺錢。你們會利用人際關係賺錢，如揪團旅遊或團購等。你們對金錢有敏感力，收入大都不錯。此命格的人火土年財運奇佳，還有爆發運，會為你們創造大財富。父母也會給大筆財產，終身富足。

事業運

（天秤座・七殺）的人，做軍警職業能立大功賺到大財富與地位。文職較不富。因為有貴格的人少，是以富增貴的人。你們對錢財的嗅覺靈敏，打拼力稍差一點。做商人，能賺多一點。有爆發運的人適合買彩券中獎致富。

健康運

（天秤座・七殺）的人，兒時身體差，常感冒，易生病。長大就好了。但要小心很多傷災、車禍及開刀，還有大腸、肺部，支氣管炎、免疫能力等的問題。

磁場相合的星座與命格

（雙子座・武府）♥♥♥♥♥

（寶瓶座・紫府）♥♥♥♥

（獅子座・天府）♥♥♥♥

（射手座・紫殺）♥♥♥♥

不想與其溝通的星座與命格

（雙魚座・同巨） 

（雙魚座・同巨）的人有小聰明、超極懶。（天秤座・七殺）的人對此很生氣，彼此看不慣。

天秤座＋破軍命格的人

命運特質

（天秤座・破軍）的人，是節氣為秋分到霜降節氣、深秋時節的人。金氣重。破軍五行屬水，金生水旺較陰寒。須火來暖命。此命格的人，會愛玩，愛跑來跑去。表面上還人際關係好，外表也清亮俊秀。但個性仍反覆不定。破軍是耗星，易耗財與健康較弱。

（天秤座・破軍）的人，喜歡快樂生活，有創意，未必喜歡創業，膽子大。做軍警業會略有成就。命格中有文昌、文曲，反而是窮儒色彩的人。若有爆發運的人會大起大落。也能得大富貴。傷災和病痛常跟隨你。

戀愛運

（天秤座・破軍）的人，超會戀愛，是戀愛老手。你們不在乎世俗的眼光與社會規範。會把戀愛搞得轟轟烈烈，但未必有結果。即使分手，也速戰速決，快閃走人，不喜歡不好的氣氛。

金錢運

（天秤座・破軍）的人，火土年財運好，金水年財運差。財運有起伏。做軍警武職較平順，做文職會窮。有爆發運的人會得大財富。創業會讓你損耗錢財。夏天財運好，冬季財運差。

事業運

（天秤座・破軍）的人，官祿宮是貪狼，工作上有好運。做軍警武職更佳，須立戰功，才會有大富貴。其他做品項雜亂、複雜多變的工作，很能勝任。你們必須跑來跑去、到處勞碌奔波才有財賺。火土年財進財出，有錢可耗財，享受也多。有爆發運的人具有大成就。金水年不吉會窮困。

健康運

（天秤座・破軍）的人，大致健康。小時頭臉破相，中年要小心傷災、車禍、開刀等事。因為必有一破，破在健康。也要小心淋巴癌、泌尿系統、內分泌系統、糖尿病等的問題。

磁場相合的星座與命格

（雙子座・紫相）♥♥♥♥♥
（寶瓶座・天相）♥♥♥♥
（獅子座・天同）♥♥♥♥
（射手座・七殺）♥♥♥♥

不想與其溝通的星座與命格

（雙魚座・武曲）

（雙魚座・武曲）的人易情緒化，又擔心別人劫財，（天秤座・破軍）的人討厭懷疑別人的人，彼此看不慣。

天秤座＋祿存命格的人

命運特質

（天秤座・祿存）的人，是節氣為秋分到霜降節氣、深秋時節的人。金氣重。祿存五行屬土，秋土會洩弱。此命格的人，喜歡過平凡快樂的日子。稍微優閒一點。財運不強，也不那麼固執於守財奴了。也會略有人緣，火土年時會財運旺。

（天秤座・祿存）的人，容易有受欺負的感覺。有自卑感。此命格的人，只重衣食之祿，是略微吝嗇節儉的人。有『陽梁昌祿格』的人，會有高學歷及高成就。你們幼年辛苦，一生起伏多外，長大會變好。

戀愛運

（天秤座・祿存）的人，有時因為小氣吝嗇而不婚，怕養妻兒。你們愛玩，愛跑來跑去，藉公務之便遊玩。在旅途中會遇到對象。你們用公費假公濟私，只會節儉飲食遊玩的費用。有些相親結婚。婚後多半為錢財爭執。

金錢運

（天秤座・祿存）的人，雖因吝嗇與人爭執，生活節儉，但多少自己還重享受。中晚年能得到父母的遺產。此命格的人火土運較好，生財較多。夏季會勤奮努力，愛賺錢。有貴格的人，學歷與成就都佳，賺錢較多也容易一些。

事業運

（天秤座・祿存）的人，愛跑來跑去，很適合做外勤工作。通常有專門的手藝及專業知識，你們不計較職位高低，都會勤守崗位，很少請假。你們性格保守固執、不愛變化，愛賺錢甚於一切。薪水和職位都不高，會認真聽話堅持在崗位上，直到很老，讓老闆很放心，是稱職又便宜的員工。

健康運

（天秤座・祿存）的人，幼年身體弱，常生病。青少年變好。他們多半大腸、脾胃不好，幼年常感冒，因此要小心肺部、氣管、大腸、頭部、免疫能力的毛病。

磁場相合的星座與命格

（雙子座・紫府）❤❤❤❤❤

（寶瓶座・天相）❤❤❤❤

（獅子座・武相）❤❤❤❤

（射手座・紫貪）❤❤❤❤

不想與其溝通的星座與命格

（雙魚座・破軍）

（雙魚座・破軍）的人情緒多變，隨意花錢不手軟，（天秤座・祿存）的人覺得心疼不已，彼此看不慣。

天秤座＋擎羊命格的人

命運特質

（天秤座•擎羊）的人，是節氣為秋分到霜降節氣、深秋時節的人。擎羊五行屬金，水冷金寒，擎羊會更兇、更銳利。此命格的人，若遇火土運，會運氣好，也會柔和一點。金水運會窮兇極惡，加倍兇殘。平常他們一點虧都不吃，喜與人競爭，喜歡記恨報復。

（天秤座•擎羊）的人，喜歡東跑西跑，停不下來。他們有不服輸的性格。有『陽梁昌祿』貴格的人會有大成就。有『馬頭帶箭格』的人，能做大將軍，能威震邊疆，在軍警業稱雄。一般命格的人做與刀劍行業、外科醫生、救難隊、與血光有關的醫療業都很適合。更有人在法院、監獄工作，或做喪葬業、遺體化粧師等工作。

戀愛運

（天秤座•擎羊）的人，會用盡手段來得到情人。會愛到發狂、死纏爛打，常是恐怖情人，也會變態的虐待情人或殺害情人。一般人的戀愛運有好有壞。

金錢運

（天秤座•擎羊）的人，財運經常不順。常耗財多。生活起伏大，總有拮据困頓的時候，有些人會不工作，做啃老族。也有做黑道或流氓搶錢。有些人也會有爆發運能發大財。

事業運

（天秤座・擎羊）的人，做軍警業、或三刀及三師都很強。如理髮師、廚師、剪裁師，或外科醫生、醫療、寵物醫療、開刀有關的行業，會賺到錢。做文職主窮困。你們所做的行業大都是競爭厲害或血光嚴重的行業。

健康運

（天秤座・擎羊）的人，幼年難養，長大後強壯。你出生時母親出血多，或生子而亡。要小心車禍、外傷、頭面破相，眼睛不好，易生肝病和腎病，也會有癌症，容易有開刀現象，肺部、大腸，免疫能力等問題。

磁場相合的星座與命格

（雙子座・天同）❤❤❤❤❤
（寶瓶座・廉相）❤❤❤❤
（獅子座・天相）❤❤❤❤
（射手座・紫微）❤❤❤❤

不想與其溝通的星座與命格

（牡羊座・天府）

（牡羊座・天府）的人也怕被劫財，（天秤座・擎羊）的人對財星有刑剋，兩種人價值觀不同，彼此看不慣。

天秤座＋陀羅命格的人

命運特質

（天秤座•陀羅）的人，是節氣為秋分到霜降節氣、深秋時節的人。陀羅五行屬辛金，水冷金寒，運氣稍弱。此命格的人，會性格懶洋洋，又喜歡東跑西跑。做事粗魯，會笨。會有精神上的問題。有自我有精神折磨。

（天秤座•陀羅）的人，你們容易相信陌生人，不相信自家人，一生是非多，常暗中行惡事害人、騙人，品行不佳、還會記恨報復。你們適合做軍警業，可立戰功成就大富貴。你們也有爆發運，可發富。其人必須離家發展，才會展開新人生。

戀愛運

（天秤座•陀羅）的人，婚姻也不順，會拖拖拉拉，戀愛多是非，不易結婚。婚後也不幸福，夫妻會相互打架吵架。他們常同居不婚。也時常家暴離婚。最佳伴侶是擎羊坐命者。

金錢運

（天秤座•陀羅）的人，財運差，工作會拖延，也會遭到老闆晚發薪水或拖欠薪水。運氣極糟。做軍警業由國家發薪會平順。你還有爆發運可發大財。或成就大事業。

事業運

（天秤座・陀羅）的人，只有做軍警業才會穩定。做文職會窮困，失業。命格陰者會做墓園、喪葬業者，或撿骨師。工作斷斷續續，工作是會有一票沒一票的做著。倘若你有爆發運時，會出人頭地，得大富貴。此命格的人頭腦不清，有時會吸毒品或強力膠，又犯案，是警察頭痛的人物。

健康運

（天秤座・陀羅）的人，健康還好，但頭面有破相，有牙齒的傷害、手足傷，肺部、氣管、大腸、免疫系統有問題，也易生癌症。還有皮膚病或身上長瘤。

磁場相合的星座與命格

（雙子座・天同）❤❤❤❤❤
（寶瓶座・廉相）❤❤❤❤
（獅子座・紫微）❤❤❤❤
（射手座・同梁）❤❤❤❤

不想與其溝通的星座與命格

（金牛座・火星）

（金牛座・火星）的人討厭笨人，會快閃不見。（天秤座・陀羅）的人心知肚明，彼此看不慣。

寶瓶座

（1 月 20 日～2 月 18 日）

寶瓶座・星座探秘

●位次與主管事項：

位於第十一宮。主管社團及公益活動、環保、人權、精神與文化層次、電波、智慧、科技等。

●精神能力與特質

富於理解力，喜歡改革和變化。

有智慧，喜自由、獨創、獨立。

寶瓶座的人富有冒險和開拓精神。愛思考，有懷疑態度。同時又是善變、風趣、有時候活潑，有時憂鬱，有時懶散的人。

本性善良、和諧、好奇心與求知慾強。

是偏激、叛逆、標新立異的人。缺乏熱情，過於理想化、不按牌理出牌，愛打破砂鍋問到底。

喜多管閒事、忽冷忽熱、對朋友無法推心置腹。

●戀愛速配對象

第一名：天秤座、雙子座

第二名：射手座、寶瓶座

●誕生石及幸運色及飾品

誕生石：紫水晶

幸運色：鮮藍色

幸運飾品：銀飾品或希有金屬

●幸運旅行國家及城市

俄國、瑞典、莫斯科、斯得哥爾摩。

寶瓶座

（1月20日至2月18日）

寶瓶座＋紫微命格的人

命運特質

這個寶瓶座月份的『紫微』坐命者是出生在大寒經立春到雨水間節氣的時節。初春木氣盛。紫微五行屬土，春土氣弱受剋。此命格的人，會忽冷忽熱，善變、情緒低落時很憂鬱。活潑時很風趣。此命格的人，愛面子，嚴肅、穩重、自信心強，雖小心謹慎，對人懷疑心強，喜歡掌控主導權。

（寶瓶座•紫微）的人，喜自由、獨立，你們常有小確幸生活順遂，因為命格太寒涼，你們缺乏熱情，過於理想化。且命格中少有貴格。若命格中有『火貪格』或『鈴貪格』爆發運的人，會有大財富。你們的工作多半以公務員、薪水族格局為主。你們富有冒險和開拓精神，適合開拓業務，也能打下一片江山。

戀愛運

（寶瓶座•紫微）的人，喜歡特立獨行與標新立異。對人忽冷忽熱，會懷疑別人接近你的理由。通常你們很善變，常缺乏熱情。你們很重精神層面與文化層面的契合與相通，但如果有人甘願為你受氣做長工，你們也會考慮選擇醜笨的他為情人或配偶的。但他會一生被嫌棄糟蹋的過日子。

金錢運

（寶瓶座‧紫微）的人，有衣食無憂的錢財。能有存款和房地產，但未必留得住。會有進出。命格中有火的人可以爆發財運，你們在火土年財運大好。

事業運

（寶瓶座‧紫微）的人，工作運還好。可做企業或機關小主管或機構分部的主管。少有做大老闆的。因為你們太過理想化、缺乏熱情，不按牌理出牌，沒恆心，無法堅持到底。但你們觀察力及推測能力強，愛冒險及開拓，做業務或開疆闢土的工作，最適合你們。

健康運

（寶瓶座‧紫微）的人，身體健康，亦會常有小感冒或腸胃、消化道的小毛病，問題不大。此命格要小心心臟病、高血壓、腦溢血、中風等問題，或耳病、手足傷災。

磁場相合的星座與命格

（天秤座‧廉府）♥♥♥♥♥

（雙子座‧武相）♥♥♥♥

（射手座‧天同）♥♥♥♥

（寶瓶座‧貪狼）♥♥♥♥

不想與其溝通的星座與命格

（獅子座‧貪狼）

（獅子座‧貪狼）的人，愛控管別人，自己卻不願被管控，（寶瓶座‧紫微）的人和他不合。

寶瓶座＋紫府命格的人

命運特質

寶瓶座的『紫微・天府』坐命者，是出生在大寒經立春到雨水間節氣的時節。初春木氣盛。紫微和天府都是五行屬土，春土氣弱且受剋。此命格的人，會在恢復和存款方面稍弱。健康也弱。

（寶瓶座・紫府）的人，坐命申宮，並且是陽男陰女的人命運才會好。

（寶瓶座・紫府）的人，此命格的人少有貴格，但喜歡賺錢，你們會在龍年及狗年會有『爆發運』，但寶瓶座的人須命中有火，或逢丙、丁的大運，否則爆發運會不發或較弱。

（寶瓶座・紫府）的人，性格忽冷忽熱，有觀察和推測能力，存錢理財極佳。能稍富。可存多些房地產。你們有復建能力，能解決家中財務困難。

戀愛運

（寶瓶座・紫府）的人，對人忽冷忽熱，缺乏熱情，對朋友難推心置腹，也常懷疑人。你們雖異性緣很好。但婚姻運和配偶運不佳。會找到價值觀不同的人結婚或戀愛。你們重視性愛生活，有時又過於理智，因此戀愛和結婚次數多。你們喜歡有才氣又會賺錢的人，很難找到。但不信邪，一生都在找愛，所幸你們很有開拓精神，不斷嚐試。

金錢運

（寶瓶座・紫府）的人，財運不錯。又愛賺錢。你們對金錢的敏感力強，但有時打拼力不足。還好有每隔幾年一次的爆發運。因此你們會擁有稍微存款和房地產。此命格的人很愛享受，財產普通。你們會在火土年及夏天較愛打拼賺錢，財富增多。金水年及冬天，會懶散困窘較窮。

事業運

（寶瓶座‧紫府）的人，會對人或工作忽冷忽熱、有時愛管閒事，有時又太過理想化，熱情不足。料理雜務，或賣雜貨。對賺錢的敏感性很強，又有爆發運，賺錢機緣很好。在公司機構中做小主管。但要成為企業機構或集團大老闆的機會很少。你只是一個普通的小富翁。能賺到大錢，或發大財機會少。

健康運

（寶瓶座‧紫府）的人，身體健康。但要小心脾胃、大腸等問題。有時有肺部、感冒、耳病的問題。也要小心乳癌，或生殖系統的毛病。

磁場相合的星座與命格

（天秤座‧武曲） ♥♥♥♥♥
（雙子座‧廉相） ♥♥♥♥
（射手座‧武相） ♥♥♥♥
（寶瓶座‧七殺） ♥♥♥♥

不想與其溝通的星座與命格

（處女座‧廉貞）

（處女座‧廉貞）的人固執死板嚴肅，（寶瓶座‧紫府）的人洒脫、任性、很小氣，各有複雜的心思。

寶瓶座＋紫相命格的人

命運特質

（寶瓶座的『紫微．天相』坐命者，是出生在大寒經立春到雨水間節氣的時節。初春木氣盛。紫微五行屬土，春土氣弱。天相福星屬水，水休於春，極衰。此命格的人，福氣稍差，會常懶洋洋。凡事有懷疑的態度，提不起勁。你們很厭煩家中的瑣事、麻煩問題與困難。全都不想管，但常不能不管。

（寶瓶座的『紫相』坐命者，理想多，但不切實際，常不按牌理出牌。有時也會太白目，不懂眼色，和上司唱反調。你較缺乏蔭庇，容易無貴格，因此讀書、考試較不容易。在工作上要靠自己打拼努力，升職較慢，好事常無份。你們性格很急躁、愛鑽牛角尖。財運只是普通的好，工作要很多營謀才行。此命格的人，陰男陽女逆時針行大運較佳，順行運者，只有幼年運佳，其他的大運都很弱。

戀愛運

（寶瓶座●紫相）的人，性格善變、忽冷忽熱，外貌體面氣派、善良，有時憂鬱，有時懶散，很有魅力，是男女追求的好對象。但你們對不喜歡的人會擺出固執和冷漠的表情。你們也不擅戀愛手段，不會哄人，對異性的想法無知。會晚婚，或找到性格不合、價值觀不合的對象而爭執不斷，婚姻運不算好。

金錢運

（寶瓶座・紫相）的人，財運還不錯，但不在意錢財。對賺錢的事雖敏感，家人和朋友會都讓他破財多。惹得他煩不勝煩。他會一直想掙脫家人的束縛。享受自己的舒適生活。雖然表面看起來財運很好，但大多數人都留不住錢。

事業運

（寶瓶座・紫相）的人，是上班族。工作須自己不斷的營謀，才能有發展。你們常規劃營謀的理想遠大。但理想趕不上變化，常中途就斷了。你們適合做複雜性高、解決善後、或貨物品項多的主管人員。也適合衣食業。

健康運

（寶瓶座・紫相）的人，在身體健康很好。但要小心淋巴及膀胱、泌尿系統方面、糖尿病、貧血等的毛病。或水道系統的問題。

磁場相合的星座與命格

（天秤座　武府）♥♥♥♥♥
（雙子座　廉府）♥♥♥♥
（射手座　破軍）♥♥♥♥
（寶瓶座　機梁）♥♥♥♥

不想與其溝通的星座與命格

（處女座　武曲）

（處女座・武曲）的人固執、而死板、嚴肅，規矩很多，愛錢又吝嗇，（寶瓶座・紫相）較洒脫，覺得他惹不得。彼此看不慣。

寶瓶座＋紫貪命格的人

命運特質

（寶瓶座・紫貪）的人，是出生在大寒經立春到雨水間節氣的時節。初春木氣盛。紫微五行屬土，春土氣弱。貪狼屬木，本身命格有點土木相剋，貪狼稍旺。此命格的人，會對人忽冷忽熱，你們運氣會稍好，只是在復建方面弱一點。有時會懶洋洋，提不起勁。你們的異性緣特佳，對人對事有銳利的觀察力、及推測能力。愛思考，有求知慾。

（寶瓶座・紫貪）的人，人數上是不算多的。通常運氣稍好。紫微復建的力量不強。所以你是並不很氣派，長相普通而已。命格中火多的人會爆發。

（寶瓶座・紫貪）的人，寶瓶座有時憂鬱，有時活潑，但紫貪坐命的人會稍為衿持一點。有貴格的人會有成就。你們會找到多金的配偶。配偶能對你的助力大。你們容易沾惹桃花問題，小心損害名聲與前程。有爆發運的人，會爆發財富與成就。

戀愛運

（寶瓶座・紫貪）的人，在戀愛運與婚姻運上都極佳。你們常被別人選中為對象，但你們的自主意識也很強。你會選擇一位財富及能力都好，又對你最有幫助的人做配偶，這人也會是同時具有性愛能力的人。精神與肉體並重。

金錢運

（寶瓶座・紫貪）的人，財運較

差，你愛交際和享受浪費很多。加上不會理財，花費又大，幸而有能幹的配偶，帶財給你，又幫你理財，才平順。有爆發運的人，會有大財富。一般人做軍警業、公務員，生活平順。

事業運

（寶瓶座•紫貪）的人，在事業運上，做軍警職，能升將官高官。若再有爆發運，能青雲直上做部長級的大官。也會有些人能爆發大財富，或富貴都有。命格中有貴格的人，會有大成就和高地位。此命格的人生活奢靡，愛用精品，浪費較多。大多在事業上懶散，做文職較窮困不富。

健康運

（寶瓶座•紫貪）的人，身體康健，但要小心高血壓、心臟病等，以及耳病、或性病。也要小心痛風、痔瘡、大腸、消化系統、四肢酸痛的病變。

磁場相合的星座與命格

（天秤座•天府） ♥♥♥♥♥

（雙子座•廉府） ♥♥♥♥

（射手座•廉殺） ♥♥♥♥

（寶瓶座•祿存） ♥♥♥♥

不想與其溝通的星座與命格

（寶瓶座•陽巨）

（牡羊座•同巨）的人話多，愛糾纏別人，多生是非。（寶瓶座•紫貪）的人嫌麻煩不想惹他，懶得理他。

寶瓶座＋紫殺命格的人

命運特質

（寶瓶座・紫殺）的人，是出生在大寒經立春到雨水間節氣的時節。初春木氣盛。紫微五行屬土，春土氣弱。七殺屬火金，春金休囚，極弱。此命格的人，打拼與復建的力量都較弱。

（寶瓶座・紫殺）的人，善變，有時活潑，有時憂鬱。活潑時很健談，對人忽冷忽熱，有時懶散，雖有人道主義的精神，但未必愛管閒事。此命格的人會做各種類型的工作，對錢財嗅覺雖靈敏，但沒有恆心，不一定會努力去賺。命格中有火的人會積極賺錢。

（寶瓶座・紫殺）的人，出生時是父母正好運氣稍好之時，或正忙於工作，故你們也愛工作努力賺錢，但精神常不濟。你們的爆發運在丑、未年會爆發，能擁有大財富。但你們少有貴格，故讀書普通，也無法有大成就。

戀愛運

（寶瓶座・紫殺）的人，是個性懶洋洋，懶得主控別人了，也不喜歡被人管，對人忽冷忽熱。你會找身材嬌小、個性懦弱的人做配偶。不希望他爬到你的頭頂上。你缺乏熱情，希望家人自動自發。你的配偶多半是矮小、胸脯大的女性，或是性格懦弱的好好先生。

金錢運

（寶瓶座・紫殺）的人，財運不算強，雖坐在爆發格『武貪格』上，需有火運才會爆發得大。在牛年、羊年有爆發運，逢火而發。你們愛買房地產，稍能積蓄錢財，會養家人，生活平順。

事業運

（寶瓶座・紫殺）的人，會做雜亂或粗重的工作。你們也愛高職稱。例如組長、工廠或工地主任、廠長之類，很難做個螺絲釘。你們也不適合做文職，有人做鋼琴老師，或裁縫老師，會賺錢少。適合做武職（軍警職）、或開設工廠、做房地產經紀、保險經紀等職，會有很大的發展。火年會發大財。

健康運

（寶瓶座・紫殺）的人，身體強壯。但要小心膀胱、尿道、淋巴系統、以及生殖系統的毛病。或乳癌、下腹部疼痛的問題。多穿紅色或土色的衣物會順利及少病。

磁場相合的星座與命格

（天秤座・天府）♥♥♥♥♥
（雙子座・武貪）♥♥♥♥
（射手座・天相）♥♥♥♥
（寶瓶座・廉破）♥♥♥♥

不想與其溝通的星座與命格

（處女座・武府）

（處女座・武府）的人性格固執，打拼賺錢的規矩很多，常會相互起磨擦。（寶瓶座・紫殺）的人跟他們說不通，彼此看不慣。

寶瓶座＋紫破命格的人

命運特質

（寶瓶座•紫破）的人，是出生在大寒經立春到雨水間節氣的時節。初春木氣盛。紫微五行屬土，春土氣弱。破軍屬水，春水休囚，極弱。此命格的人，會善變得厲害，破耗也多，但復建的力量稍弱。你會有時活潑，有時憂鬱、懶散。這是缺火的關係。

（寶瓶座•紫破）的人，因為缺乏熱情，對人會不耐煩，工作也沒勁。但破耗的事多。人生起落多，心情常低落。也會與人不合有是非，對周遭環境挑剔不滿意。生活有時會日不敷出。若命格中有文昌或文曲同宮或相照的人，會是更窮的人，一生沒有發展，靠人生活。此命格的人少有貴格，若有折射的『陽梁昌祿格』也行，可做軍警業或政治人物，能挑起爭鬥的心，會有大發展。

戀愛運

（寶瓶座•紫破）的人，婚姻運及戀愛運都極差。易不婚或是露水鴛鴦。你們很重外貌，但理想過高，如意的對象難求。人生中也會有多次離婚。戀愛不算順利，火年時會順利。

金錢運

（寶瓶座•紫破）的人，火年財運稍佳。平常破耗多，不擅理財，但愛投資，過於理想化，花的錢比賺得多。你們少有偏財運。賺勞力錢才能賺到。你們存錢能力很差，必須有人幫忙記帳，天生愛享受，愛高級精品，容易買一大堆無用之物，不知節制。生活不算平順。

事業運

（寶瓶座・紫破）的人，命格中會有文昌、文曲，容易一生窮。適合做軍警職較好，在政治圈或軍警業能升到高職位。你們愛創業，但經常失敗。在工作方面，你適合做開創新局、擴展業務，或修理、再造的工作，但還是做薪水族或公務員較好。如在造船廠、煉鋼廠工作。你易做沒有職稱，或職稱低的工作。你不適合做生意或投資，要小心血本無歸。你也適合爭鬥性強的工作。

健康運

（寶瓶座・紫破）的人，身體健康，但要小心糖尿病、脾臟、胃病、耳朵，泌尿系統或淋巴系統的毛病。

磁場相合的星座與命格

（天秤座・天相）♥♥♥♥♥
（雙子座・同梁）♥♥♥♥
（射手座・武殺）♥♥♥♥
（寶瓶座・廉貪）♥♥♥♥

不想與其溝通的星座與命格

（雙魚座・機巨）的人

（雙魚座・機巨）的人聰明、有高知識、但常情緒化，會批評別人的缺點及秘密。（寶瓶座・紫破）的人臉上掛不住，會對其人會下重手制止。

寶瓶座＋天機命格的人

命運特質

（寶瓶座•天機）的人，是出生在大寒經立春到雨水間節氣的時節。初春木氣盛。天機五行屬木，初春之木，極旺。此命格的人，特別聰明、智商高，會精明算計，具有銳利的觀察力，極推測力。會有開拓及冒險精神，學習能力也強。如果命格中有火多則運氣超強。

（寶瓶座•天機）的人，性格善變的厲害，但基本上是薪水族的人。一生是非多，在家也容易與兄弟姐妹不合，多是非口舌，在外也易交到品行不佳的朋友。命格中有貴格的人，能有高學歷與大好前程。你們不適合做生意，會虧本。你們喜歡平凡規律的生活。若命格中火多有爆發運的人，能有大財富。

戀愛運

（寶瓶座•天機）的人，必須配偶較為陽剛。對象要寬容的對待你才行。你會晚婚，戀愛運與婚姻運較鬆懈。你們常用是爭執和無理取鬧，來對對象做試驗。配偶要能忍受得住你們才行。否則還是會離婚。

金錢運

（寶瓶座•天機）的人，財運普通。一輩子只有父母會對你好、資助你。你們常聰明過頭，常想花錢的花招，卻懶得賺錢。理想過高，眼高手低。父母會留財產給你們用。

事業運

（寶瓶座・天機）的人，是理想過高，眼高手低的人，生平無大志，只做固定的上班族過生活。你們從不想辛苦賺錢。有些人會在家族事業中工作生活。你們適合做公務員，縣市或里幹事、或戶政事務所、財稅機關工作。你們仍會規矩的奉公守法的工作。

健康運

（寶瓶座・天機）的人，身體健康，但要小心有手足傷，和頭臉有破相。更要小心肝、腎、肺部及大腸、脾胃、淋巴系統的毛病。也要小心性無能。

磁場相合的星座與命格

（天秤座・同梁）♥♥♥♥♥
（雙子座・太陽）♥♥♥♥
（射手座・太陰）♥♥♥♥
（寶瓶座・巨門）♥♥♥♥

不想與其溝通的星座與命格

（金牛座・武殺）

（金牛座・武殺）的人有守財奴脾氣，討厭不會賺錢的人。（寶瓶座・天機）的人不喜歡被嫌棄，彼此看不慣。

寶瓶座＋機陰命格的人

命運特質

（寶瓶座•天機、太陰）的人，是出生在大寒經立春到雨水間節氣的時節。初春木氣盛。天機五行屬木，初春之木，極旺。太陰屬水，春水休囚，較弱。故此命格的人，很聰明、人生變化大。腦筋快、敏感力強。

（寶瓶座•機陰）的人，性格和思緒變化快。凡事善變。有時活潑，有時懶散憂鬱，驛馬強，容易搬家和調職，一生容易高低起伏，不寧靜。本命是上班族格局。要小心車禍受傷的問題。命格中有貴格的人，可有高學歷，能名揚四海。你們一生運氣起起落落，運氣不好時，多外出跑跑，運氣也會變好。

戀愛運

（寶瓶座•機陰）的人，有時活潑，有時懶散憂鬱，婚姻運及戀愛運不錯。戀愛對象是較陽剛開朗的人。你也會性格開朗的應對。一拍即合。你天生是戀愛高手，可跟情人或配偶一同享受戀愛樂趣。

金錢運

（寶瓶座•機陰）的人，是薪水族格局。必須要領薪水過日子。你們的父母較有錢，但父母高高在上，你不敢跟他們開口要錢，只慢慢等遺產再拿。不可做生意，會收入不穩定。擔心會賠本。因為你們的運氣會上上下下的變化。

事業運

（寶瓶座・機陰）的人，有熟人或長輩介紹工作，有蔭庇。升職或升官有貴人運照顧很容易，工作運氣好。但想要成大事，做大人物或大企業家，要看本身的努力與有無貴格，或有無爆發格？通常你們懶散玩樂享福比較多，工作的時間不多，再加上你們愛東跑西跑。

健康運

（寶瓶座・機陰）的人，健康大致都好，但要小心手足之傷，車禍，肝腎、大腸癌、脾胃、淋巴腺體等的問題，以及性生活方面的問題。

磁場相合的星座與命格

（天秤座・太陽）♥♥♥♥♥
（雙子座・同梁）♥♥♥♥
（射手座・天機）♥♥♥♥
（寶瓶座・巨門）♥♥♥♥

不想與其溝通的星座與命格

（雙魚座・廉貞）

（雙魚座・廉貞）的人是感性、性急又陰謀多的人，（寶瓶座・機陰）的人愛說等一下，彼此看不慣。

寶瓶座＋機梁命格的人

命運特質

（寶瓶座・天機、天梁）的人，是出生在大寒經立春到雨水間節氣的時節。初春木氣盛。天機五行屬木，木氣旺。天梁屬土，春土洩弱遭剋。此命格的人，聰明、愛學習，有貴格的人少。蔭庇及復建能力也弱。你們會對人忽冷忽熱，性格善變，有時活潑有時懶散，提不起勁。

（寶瓶座・機梁）的人，仍需有火來相助才行。貴人運不算強，會利用小聰明，易惹是非。你們具有銳利的觀察力雨推斷能力，會為人當軍師，但不負擔後果。喜歡口才好之人。你們在牛、羊年有爆發運，能得大財富。命格中有貴格的人，會有高學歷和大成就。

戀愛運

（寶瓶座・機梁）的人，高興時很愛聊天，遇到愛說話的人、就常開玩笑。你會把常跟你說玩笑話、聊天的對象來作配偶人選。結婚後夫妻倆吵吵鬧鬧的過日子，你們會為錢財問題而吵離婚。

金錢運

（寶瓶座・機梁）的人，是薪水族的格局。蔭庇不強，父母、長輩未必會給錢。但自己還有『武貪格』爆發運，在牛年、羊年會有意外之財。

事業運

（寶瓶座・機梁）的人，是薪水族格局。事業發展不大。有貴格的人，學歷好，能教書、做文教事業。其他在一般企業上班。你適合做收拾殘局的工作或整理類型的工作。例如會計、記帳員、保險員等。你也適合照顧老人或幼童，做慈善事業等。還有做餐飲業的。

健康運

（寶瓶座・機梁）的人，身體健康。但要小心肺部、氣管、脾胃、肝腎、大腸等消化系統的問題。手足傷、臉面有破相、車禍等問題。也要小心糖尿病、免疫系統的問題。

磁場相合的星座與命格

（天秤座・同陰）❤❤❤❤❤

（雙子座・陽巨）❤❤❤❤

（射手座・天同）❤❤❤❤

（寶瓶座・祿存）❤❤❤❤

不想與其溝通的星座與命格

（雙魚座・廉殺）

（雙魚座・廉殺）的人情緒多變、剛硬，討厭有時聒噪的人。（寶瓶座・機梁）的人也不想與他推心置腹，彼此磁場不合，彼此看不慣。

寶瓶座＋機巨命格的人

命運特質

（寶瓶座•天機、巨門）的人，是出生在大寒經立春到雨水間節氣的時節。初春木氣盛。天機五行屬木，故極旺。巨門屬水，春水休囚，較弱。此命格的人，特別聰明、智商高。口才普通。你們性情善變，有時開朗，有時懶散。對人缺乏熱情，做事會不按牌理出牌，過於理想化，也常會打破砂鍋問到底，善於窮追不捨。高興時會多管閒事。你們命格中容易有貴格，人生成就會大。有的在學術機構發展。有的可做軍警武職，能任高官。無貴格的人會一事無成。

（寶瓶座•機巨）的人，理財能力平平。生活中多是非，你們為人清高，缺乏世故。

戀愛運

（寶瓶座•機巨）的人，愛情運不順，會起起伏伏，多變化。感情常有喜有憂，你們情緒多變。和情人相處不久。你們在生活中非常愛變化，常與人有糾紛口角。情人會受不了你們的挑剔。你們對人多懷疑，無法與人推心置腹，而且天生想得開，舊的不去新的不來，新戀情會很快到來，快樂和憂鬱也再重複到來。你們適合同居不婚。

金錢運

（寶瓶座・機巨）的人，是薪水族的格局，很穩定，積蓄也普通。你們會用量入為出在生活。即使薪資多，也會節儉過日子，生活適意。

事業運

（寶瓶座・機巨）的人，是理想高的上班族。你們有高知識水準，會在高技術產業工作，薪水多。地位也會高。若知識水準低的人，只會打零工，或做職位不高的工作。若虎年或猴年有爆發運，能得大財富。

健康運

（寶瓶座・機巨）的人，身體健康。但要小心脾胃、地中海型貧血、淋巴系統、血液系統或泌尿系統，如膀胱、尿道、腎臟、消化系統等的問題。

磁場相合的星座與命格

（天秤座・天同）♥♥♥♥♥

（雙子座・太陽）♥♥♥♥

（射手座・天相）♥♥♥♥

（寶瓶座・日月）♥♥♥♥

不想與其溝通的星座與命格

（雙魚座・紫殺） 

（雙魚座・紫殺）的人很情緒化，只愛工作，並不愛照顧他們。（寶瓶座・機巨）的人對他們彼此看不慣。

寶瓶座＋太陽命格的人

命運特質

（寶瓶座‧太陽）的人，是出生在大寒經立春到雨水間節氣的時節。初春木氣盛。太陽五行屬火，生在寶瓶座是春火母旺子相，較旺。此命格的人，愛思考，有懷疑態度。有時活潑，有時懶散。你們會大嗓門，個性直。活潑時愛講話，停不下來。憂鬱懶散時，很安靜。

（寶瓶座‧太陽）的人，個性善變，對人友愛、寬大、但不會推心置腹。理財能力很差，工作上有時努力，有時閒混。有貴格的人能名揚四海。做教師、高等公務員，政府官吏，能有成就。命格中有『武貪格』爆發運的人，在辰、戌年能得大財富。

戀愛運

（寶瓶座‧太陽）的人，戀愛運很平凡。你們性格陽剛，喜歡別人愛上你們。戀愛過程特別乏味。你們婚後的生活更是淡而無味，有時會有外遇，可是轉了一圈又回家了。最後發現只有配偶最了解你配合你。

金錢運

（寶瓶座‧太陽）的人，是薪水族的格局。你們不會做生意。無法理財算帳。花錢會大手大腳。很多人有家產生活（父母或祖先留的財產），自己也會買房地產、及據有銀行存款，生活愜意。

事業運

（寶瓶座・太陽）的人，有貴格的人，會學歷高，做地位高的工作。靠口才或糾紛有關。例如做公務員、教師、律師、保險業、廣播員、宣傳員、或政府官員等。命格居陷又有爆發運的人，會做政治或簽賭有關的行業。事業起落分明。一般人也要先有名聲，才能事業做得大。木火年對你有利。

健康運

（寶瓶座・太陽）的人，身體健康，但要小心高血壓、心臟病，肺癌、以及腦中風等的疾病。有些人要小心糖尿病和高血脂、及膽固醇過高的毛病。

磁場相合的星座與命格

（天秤座・太陰）♥♥♥♥♥
（雙子座・巨門）♥♥♥♥
（射手座・天同）♥♥♥♥
（寶瓶座・天梁）♥♥♥♥

不想與其溝通的星座與命格

（雙魚座・機梁）

（雙魚座・機梁）的人是非多，愛打聽小道消息，（寶瓶座・太陽）的人不愛說嘴，懶得理。

寶瓶座＋陽梁命格的人

命運特質

（寶瓶座•太陽、天梁）的人，是出生在大寒經立春到雨水間節氣的時節。初春木氣盛。太陽五行屬火，稍旺。天梁屬土，春土休囚洩弱。此命格的人，性格還算開朗，活潑，略有傲氣。天梁蔭庇稍弱。命宮在卯宮的人，命運較好。命宮在酉宮的人，會飄蓬及懶散，易無成就。

（寶瓶座•陽梁）的人，長輩運及桃花運都不強，對人也忽冷忽熱。容易有懷疑心、防範心。但你們多半清高。命格中行形成『陽梁昌祿格』貴格的人，會有高學歷與大成就。沒有貴格的人，只能做一般薪水族。有些人是有父母留家產給你們，能生活。此命格的人，大多事業運不佳。

戀愛運

（寶瓶座•陽梁）的人，很囉嗦。常計較小細節、小麻煩，一直糾纏不清。你找到的配偶也是一生對你糾纏不完的人。並且也未必是你所愛的人。你會不斷追求新戀情，到處搞小曖昧。但無法得到真心喜歡的人。

金錢運

（寶瓶座•陽梁）的人，財運有好有壞，是薪水族的模式。父母有家產給你，生活過得去。命宮在酉宮的人，人生易飄零艱難。有貴格的人，薪資很高，生活富裕。子時、午時生人其財帛宮或福德宮有天空、地劫一起，易早夭。會無財也無福。

事業運

（寶瓶座・陽梁）的人，其工作不賣力，你們有些驕傲，很想做大事。不想靠人介紹工作，也對金錢、地位都不介意，丙年、辛年生人，又有貴格『陽梁昌祿格』的人才會有大成就。沒有貴格的人，只是一般的薪水族討生活。

健康運

（寶瓶座・陽梁）的人，身體健康，但要小心高血壓、腦中風、脾胃的問題，或糖尿病、皮膚病、及甲狀腺的問題。

磁場相合的星座與命格

（天秤座・同巨）♥♥♥♥♥
（雙子座・機梁）♥♥♥♥
（射手座・天同）♥♥♥♥
（寶瓶座・太陰）♥♥♥♥

不想與其溝通的星座與命格

（雙魚座・紫殺）

（雙魚座・紫殺）的人驕傲、對人有懷疑心。（寶瓶座・陽梁）的人與其磁場不同，價值觀也不同。

寶瓶座＋日月命格的人

命運特質

（寶瓶座‧太陽、太陰）的人，是出生在大寒經立春到雨水間節氣的時節。初春木氣盛。太陽五行屬火，生在寶瓶座是春火，稍旺。太陰屬水，春水休囚洩弱。日月本身也火水相剋。因此此命格的人，會太陽旺一點，性格稍開朗，但會忽冷忽熱，對人有懷疑心。有時也會憂鬱、懶散。

（寶瓶座‧日月）的人，異性緣有一點。你們雖很愛談戀愛，但運氣起起伏伏。工作狀況不好，經常在找尋戀愛機會所帶來的物質享受。你們的財、官二位都弱，火年對你們有利，會大進財利。

戀愛運

（寶瓶座‧日月）的人，情緒善變、對人忽冷忽熱，但也迷人，以戀愛為職志。你們多半有王子病或公主病，需要戀人侍候你們，戀愛過程不順利。你們希望戀人或配偶整天陪著、或一同逍遙，享受美食遊覽，最好對方也別工作，永遠過二人世界談戀愛。

金錢運

（寶瓶座‧日月）的人，是薪水

族。若家產多，你能生活過得好。若要靠自己賺，容易過苦日子。大運及流年好壞也會影響財運，大運好時，十年的富足生活不成問題。走火運最佳。

事業運

（寶瓶座・日月）的人，工作運很差，沒有貴人、較難有名聲。你們不喜競爭，無上進心。愛尋找戀人。做一般的薪水族、教書及秘書、會計、助理等沒有職稱的職務，生活平順就好。

健康運

（寶瓶座・日月）的人，身體尚可，但要小心有傷災、車禍。還要小心血液含雜質、貧血或長癲瘡的問題。要小心一切與手足神經有關的問題。

磁場相合的星座與命格

（天秤座・天同） ♥♥♥♥♥

（雙子座・同梁） ♥♥♥♥

（射手座・機巨） ♥♥♥♥

（寶瓶座・破軍） ♥♥♥♥

不想與其溝通的星座與命格

（獅子座・廉貞）

（獅子座・廉貞）的人有控制慾、又很小氣吝嗇，（寶瓶座・日月）受不了他，彼此看不慣。

寶瓶座＋陽巨命格的人

命運特質

（寶瓶座•太陽、巨門）的人，是出生在大寒經立春到雨水間節氣的時節。初春木氣盛。太陽五行屬火，稍旺。巨門屬水，春水休囚洩弱。此命格的人，對人忽冷忽熱，高興時話超多，很聒噪，憂鬱時很懶散，提不起勁。

（寶瓶座•陽巨）的人，你們易帶有是非，性格善變。運氣起伏上下，運氣好時，你們是愛工作的。運氣不佳時就欲振乏力。火年時才運氣好。你們的人生中充滿競爭和坎坷。戀愛和工作都要競爭，但你會蠻不在乎。命格中有貴格的人，也能有成就，可做民意代表。有『天刑』的人可做執法人員。（寶瓶座•陽巨）的人，你們的財、官都是空宮，命宮有化權、化祿的人，易有出頭天。

戀愛運

（寶瓶座•陽巨）的人，想法過於理想化，專愛外型俊俏的人，必然與人競爭多，且未必能如願。況且你們還天生有公主病、王子病，常又驕傲又愛表現。但你們還死心眼及擅於糾纏，對自己喜歡的對象會死纏爛打，毫不放棄。有些人會與人共享情人，也毫不在乎。

金錢運

（寶瓶座•陽巨）的人，是薪水族格局。父母較窮，也沒有家產，錢要靠自己賺。丑年、未年你們能有爆發運，火年爆發更大。逆行大運的人，年輕就能發。能多得財富。順行大運的人，要55歲才能爆發，人生起伏大，多辛苦。

事業運

（寶瓶座・陽巨）的人，工作運不強。財運也不強。火運年愛工作，平常會做不久。命、財、官、遷四宮若有祿存、昌曲進入的人，會形成貴格，事業能成功。本命帶有『天刑』的人會做獄卒、律師，或法院工作。命中有驛馬帶財的人會做奔波的生意人。你們會做與口舌相關的工作，保險經紀、老師、解說員、醫護工、接線生、司法人員、醫護員都很適合。

健康運

（寶瓶座・陽巨）的人，年輕時身體健康，有些是表面還健康。但中年小心病痛。膿血之症、淋巴系統的毛病、或大腸癌、肺部、消化系統潰爛、高血壓、心臟病等。

磁場相合的星座與命格

（天秤座・機梁）♥♥♥♥♥
（雙子座・同陰）♥♥♥♥
（射手座・太陰）♥♥♥♥
（寶瓶座・天機）♥♥♥♥

不想與其溝通的星座與命格

（雙魚座・機梁）

（雙魚座・機梁）的人高興時一起吵，情緒壞時，相互不理，（寶瓶座・陽巨）的人廢話多，難合拍。

寶瓶座＋武曲命格的人

命運特質

（寶瓶座・武曲）的人，是出生在大寒經立春到雨水間節氣的時節。初春木氣盛。武曲屬金，春金休囚衰弱。此命格的人會懶散、脾氣更硬，喜歡觀察別人，很會推理。你們未必勤奮，但重承諾，此星座的武曲坐命者，較會做軍警業，較剛，命格缺火。命格中有火的人會注重賺大錢，不愛做小生意人。你們也可能做科技業跟金屬有關的工業。你們會對人忽冷忽熱，讓人有固執、冷漠的感覺。

（寶瓶座・武曲）的人，命、遷二宮就有『武貪格』爆發運格，在環境中就有爆發機會，須有木火年才會暴發的大。

戀愛運

（寶瓶座・武曲）的人，喜歡配偶有用。你們愛有能力的人。感覺對了，就會強力追求，成為夫婦。若感覺不對，會馬上分手，很乾脆。你和配偶都會很忙碌，會各自擁有自己的工作和事業。你們常晚婚，中年後更吝嗇挑剔，結婚不易。

金錢運

（寶瓶座・武曲）的人，雖愛賺錢，財運普通。火年財運好。本性小氣吝嗇，愛存現金在銀行裡，因為田宅宮是天機陷落，存不住。所以買房地產少。你們對自己家人很捨得給錢花用，但自身節儉。辰年、戌年有爆發運，有大錢財。做軍警業會有大富貴，或發戰爭財。一般人能做小生意人，生活無虞。

事業運

（寶瓶座‧武曲）的人，其工作運普通，從商努力可做大企業、大老闆，若從軍警職也能升高官。並可管理財務。你們性格冷靜、清晰。理財能力雖不強，卻愛工作，有理想。也能幫機構企劃賺錢。此命格的人適合做金融業、金屬類產品的生意、或帶火的產業、開餐廳、加油站、刀劍、金飾品、鐵鍋、鐵桶、金屬材料、醫療用品等。

健康運

（寶瓶座‧武曲）的人，健康不錯，但要小心大腸癌和肺癌、消化系統的問題，以及肝腎、脾胃、胰臟癌、糖尿病及泌尿系統、膀胱等問題。

磁場相合的星座與命格

（天秤座‧武貪） ♥♥♥♥♥

（雙子座‧紫府） ♥♥♥♥

（射手座‧廉相） ♥♥♥♥

（寶瓶座‧武相） ♥♥♥♥

不想與其溝通的星座與命格

（雙魚座‧破軍）

（雙魚座‧破軍）的人情緒化嚴重，愛花錢、不愛守規矩，（寶瓶座‧武曲）的人注重原則，節儉，金錢價值觀不同，彼此看不慣。

寶瓶座＋武府命格的人

命運特質

（寶瓶座•武曲、天府）的人，是出生在大寒經立春到雨水間節氣的時節。初春木氣盛。武曲屬金，春金休囚極弱。天府屬土，春土被木剋也會洩弱，故此命格的人，須要有火，會精神振奮。所以夏天時你會心情好、愛打拼，冬天會特別懶散，提不起勁。

（寶瓶座•武府）的人，會做公務員，或軍警、教職。也會做仲介、推銷的工作。或是便利商店的總管企劃之類的工作。你們很節儉、吝嗇，對家人父母兄弟好。與配偶不睦。夫妻關係是六親關係中最衰弱的一環。這讓你的人生起伏很大，始終不平靜。此命格的人較少有貴格，努力打拼，孜孜努力也能一生平順。

戀愛運

（寶瓶座•武府）的人，會找思想及價值觀不同的人戀愛。婚姻不諧調，造成痛苦。你們對配偶也小氣，因此感情更不佳。因為你們的父母就是感情不佳，你自小生活在吵吵鬧鬧中。並且你內心想法異於常人。同居不婚可能較好，可能會戀愛維持久一點。

金錢運

（寶瓶座•武府）的人，財運普通，你們雖愛賺錢，但有時懶洋洋，不積極。你們也愛享福，常吝嗇摳門，你們會照顧自己的原生家庭，對外人在錢財上吝嗇。你們是夏天大方，冬天小氣的守財奴。其實自己享受也不多，但貪心有餘。有爆發運的人才有大財富。

事業運

（寶瓶座・武府）的人，工作運還不錯，你們算是能幹的人，能做管理人材，也能做老闆。能幫忙企業，業績和收入金額能蒸蒸日上，常創下新高。你們依然會在事業上努力打拼。工作較保守，大企業或公家機構工作、或軍警、教職。你們做老闆也是別人投資的。會按部就班的依工作績效分獎金，慢慢也可做到董事長之位置。

健康運

（寶瓶座・武府）的人，身體健康，要小心心肺功能、感冒、肺炎、和膀胱、生殖系統的毛病，也怕乳癌、大腸癌、下半身寒涼、高血壓、腹痛等毛病。

磁場相合的星座與命格

（天秤座・廉貞）♥♥♥♥♥

（雙子座・七殺）♥♥♥♥

（射手座・紫相）♥♥♥♥

（寶瓶座・天府）♥♥♥♥

不想與其溝通的星座與命格

（雙魚座・機巨）

（雙魚座・機巨）的人情緒善變，智商高，有專門的知識技術，（寶瓶座・武府）的人比不過他，彼此看不慣。

寶瓶座＋武相命格的人

命運特質

（寶瓶座•武相）的人，是出生在大寒經立春到雨水間節氣的時節。初春木氣盛。武曲屬金，春金休囚衰弱。天相屬水，春水也休囚，在病死、墓地，極衰。此命格的人，憂鬱、懶散的時候多。活潑、快樂的時候少。你會愛享福，但未必享得到福。能得的財富也較少。

（寶瓶座•武相）的人，原本天生有蔭庇，但此星坐的人會蔭庇較弱。父母及長輩也未必會周全的照顧你。如果命格中有火、有貴格的人，學歷和經歷都會高人一等，能做政府官員。成就較好。沒有貴格的人，將一生平凡。你們夏、秋兩季會運氣好、精神好，進財多。

戀愛運

（寶瓶座•武相）的人，會晚婚。戀愛運較遲，你們較缺乏戀愛術。男性還容易被女性追走。女性會默默等待有緣人。要當心會找到糾紛多的家族及較窮的配偶，辛苦成家，但會吵個不停。

金錢運

（寶瓶座•武相）的人，財運尚馬馬虎虎，但也是愛享受、無法節制的人。你們不會理財，父母給的家業少，你的享受也少。適合到外地工作，會財運大開。靠赤道的國家對你有利。

事業運

（寶瓶座・武相）的人，事業運還不錯，你們愛享福，打拼時間不長。喜歡做上班族或公務員、或做賣衣食的商人，生於寶瓶座的人父母運普通，享不到父母太多的福，你們過於理想化、創業打拼會不長久。做文教業或和衣、食相關的行業生意較佳。有貴格的人，可做政府官員。但要小心理財、算帳的問題。你們具有爆發運的機會少，所具有的是正財。

健康運

（寶瓶座・武相）的人，身體健康，但要小心高血壓、心臟病、脾胃的毛病，糖尿病、火氣重、常感冒、肺部、支氣管炎、大腸疾病、便秘等。

磁場相合的星座與命格

（天秤座・紫微）♥♥♥♥♥
（雙子座・貪狼）♥♥♥♥
（射手座・太陰）♥♥♥♥
（寶瓶座・太陽）♥♥♥♥

不想與其溝通的星座與命格

（獅子座・機梁）

（獅子座・機梁）的人有控制慾，愛數落，（寶瓶座・武相）的人討厭被約束，人生觀不同，彼此看不慣。

寶瓶座＋武貪命格的人

命運特質

（寶瓶座‧武貪）的人，是出生在大寒經立春到雨水間節氣的時節。初春木氣盛。武曲屬金，春金休囚衰弱。貪狼屬木，春木極旺。但會有一點刑剋。此命格的人，賺錢力道稍弱，但運氣及機會會很強。

（寶瓶座‧武貪）的人，運氣都比別人好。一生仍會起起伏伏。在牛、羊年都能爆發。寶瓶座的人，會八字中木多，只須一點火就會爆發很大。屬火的流年，爆發更大。

（寶瓶座‧武貪）的人，能有好配偶幫忙理財，家庭能和樂。但命格中有貴格的人少，做軍警業、從商，人生也能成就很大。

戀愛運

（寶瓶座‧武貪）的人，愛享受也會讓配偶享受好。你們會晚婚，尋尋覓覓能找到會理財、家境好的配偶。你們脾氣古怪，觀察力很強，很能判定對象合不合自己用，你們又喜歡找能力好，能補足自己性格缺點的人做配偶。如果配偶不合格便很快換掉了。

金錢運

（寶瓶座‧武貪）的人，是對錢財有敏感力，機會運氣都極強，但超吝嗇，愛花錢都只花錢在自己身上。你們理財差，以配偶當會計。在牛、羊年都有爆發運，會發富及有成就。兔、雞年就會破敗，運衰。爆起爆落的狀況很嚴重。若大運連續好三個大運，必能成為名揚四海的人。寶瓶座武貪的人成為億萬富翁的人是人數不多。但成名者眾。

事業運

（寶瓶座・武貪）的人，工作運超好，特愛做事業。雖運氣起伏，在牛、羊年的爆發運，更能促進事業上的成功。你們很懂投資，又能抓住機會。此命格的人要做軍警業，會立戰功爆發而得大富貴。有些人也會從商爆發而事業大好。你們會擁有特殊的觀察力與推測能力，能預知爆發運的時間與項目。

健康運

（寶瓶座・武貪）的人，身體健康。但初秋、金水進之時，要小心肺部、支氣管炎、大腸、消化系統的問題，以及心臟病、高血壓，頭痛症。還有四肢酸痛的問題。

磁場相合的星座與命格

（天秤座・紫殺）♥♥♥♥♥
（雙子座・紫府）♥♥♥♥
（射手座・武曲）♥♥♥♥
（寶瓶座・廉貞）♥♥♥♥

不想與其溝通的星座與命格

（天蠍座・廉貪）

（天蠍座・廉貪）的人會嫉妒攻擊別人的好運，會說難聽的話。（寶瓶座・武貪）的人不爽被為難，懶得理他，彼此看不慣。

寶瓶座＋武殺命格的人

命運特質

（寶瓶座‧武殺）的人，是出生在大寒經立春到雨水間節氣的時節。初春木氣盛。武曲和七殺都屬金，春金休囚衰弱。此命格的人，特別固執，活潑時少，憂鬱及懶散的時間多。你們會過於理想化，也過於自信，不太相信別人，對周遭有懷疑態度。

（寶瓶座‧武殺）的人，做武職（軍警業）或決斷性、科技類的工作較合適。做文職，賺錢少，會窮。你也可能做勞力工作較會有成就感。你的人生中多起伏，火年會運氣好。須要艱忍卓絕，才會有成就。命格中有貴格的人，會有高學歷、高職位與大成就。你們少有爆發運。

戀愛運

（寶瓶座‧武殺）的人，婚姻運很好。雖然你們脾氣差，性格善變，情緒常不好。但能找到知心伴侶，人生不孤單。你的配偶也兼助理及幫手，會照顧你的生活，幫你打理瑣碎的小事，幫你解除內心煩惱與憂愁。是你終身的貴人及伴侶。

金錢運

（寶瓶座‧武殺）的人，財運很差，不會理財，手上經常鬧窮沒錢。武曲財星逢殺星為刑剋，因財被劫。故不富。你們是薪水族的人。平常節儉吝嗇，但有理由的花錢，你們會很捨得。你們的命好，命運中會有理財高手、幫忙生財的配偶來相助，所以生活還是頗佳的。但先要結婚把配偶搞定，才會有財產累積。

事業運

（寶瓶座・武殺）的人，工作運很好。也肯打拼、辛苦努力，職位可高可低。高的可做到高級主管的職務。低的小職員而已。做軍警武職較好，可升高官。文職較窮。你們愛名聲和愛搶功勞，命格中有貴格的人，會有大成就。文職的人會追求自己最高理想目標。

健康運

（寶瓶座・武殺）的人，身體健康。但要小心肺部、氣管炎、大腸、膀胱、生殖系統、及下腹部寒涼的問題。女性也要小心乳癌、卵巢、子宮等問題。男性要小心輸精管、尿道、攝護腺等問題。

磁場相合的星座與命格

（天秤座・紫府）♥♥♥♥♥
（雙子座・天府）♥♥♥♥
（射手座・紫破）♥♥♥♥
（寶瓶座・廉貪）♥♥♥♥

不想與其溝通的星座與命格

（雙魚座・天機）

（雙魚座・天機）的人情緒化，又愛表現聰明，是非多，（寶瓶座・武殺）的人，感到煩感，相互彼此看不慣。

寶瓶座＋武破命格的人

命運特質

（寶瓶座•武曲、破軍）坐命的人，是出生在大寒經立春到雨水間節氣的時節。初春木氣盛。武曲屬金，春金休囚極弱。破軍屬水，春水也休囚衰弱。此命格的人，活潑的時間少，憂鬱懶散的時間多。常懷疑人，很難與人推心置腹。也會忽冷忽熱的對人。

（寶瓶座•武破）的人，會在錢財上吝嗇。因為賺錢不多。花錢較兇，守不住財，也不會理財。你們價值觀和別人不一樣，人生目標也和他人不一樣。做軍警武職佳，能冒險犯難，升高官。文職不吉，易窮。此命格的人幼年窮苦，中年以後運氣較佳。一生也多坎坷，不平靜。你們須有宗教信仰，容易幫助你度過困難。命格中有貴格的人，也會有貴人相助及較大富貴。

戀愛運

（寶瓶座•武破）的人，你們對愛情茫然，不真正知道自己要什麼樣的配偶或對象。你們容易被環境變化出現的人、事、物所推動，你們本身外型挺拔俊俏，但心性不定，容易有露水姻緣和多次婚姻。或有外遇問題擾亂婚姻。

金錢運

（寶瓶座•武破）的人，財運不佳。做薪水族、軍警業會較適合。你愛享受，常會寅吃卯糧。努力工作能保障生活用度。若有偏財運的人，兔年或雞年也會發富，但易爆起爆落。做文職薪水少。火年會財運好。

事業運

（寶瓶座‧武破）的人，在工作運是不錯。能有高階地位。適合做軍警業、政治界。有貴格的人，地位高。若做向外拓展業務人員、或情報蒐集人員、或是特別辛苦危險的工作，向外衝鋒陷陣，或在戰場上廝殺，或做救難遇血光之事，做辛苦、付出勞力多，或特別危險的工作會賺得多。文職較窮。

健康運

（寶瓶座‧武破）的人，身體還算健康，但要小心高血壓，頭痛、中風、心臟病、糖尿病、脾胃方面的毛病、內分泌及淋巴系統的病症。傷災及車禍等。還有四肢酸痛、性病等毛病。

磁場相合的星座與命格

（天秤座‧紫相）♥♥♥♥♥

（雙子座‧天相）♥♥♥♥

（射手座‧廉相）♥♥♥♥

（寶瓶座‧紫貪）♥♥♥♥

不想與其溝通的星座與命格

（雙魚座‧同陰）

（雙魚座‧同陰）的人情緒多變，很愛享受，公主病、王子病很嚴重，要別人侍候。（寶瓶座‧武破）的人本身也很自傲，根本受不了，會跟他衝突吵架，彼此看不慣。

寶瓶座＋天同命格的人

命運特質

（寶瓶座．天同）的人，是出生在大寒經立春到雨水間節氣的時節。初春木氣盛。天同屬水，春水休囚衰弱。此命格的人，會忽冷忽熱，有時活潑。有時憂鬱懶散。會愛享福，但未必享得到福。你們秋天時運氣較好，財福都有。

（寶瓶座．天同）的人，是福星命格，喜歡享福及玩樂。寶瓶座的人錢財普通不多。工作易斷斷續續，貴人幫忙少，生活會懶散，不起勁。仍然是薪水族的格局，做上班族、薪水族很正常。此命格人的父母未必有錢來資助你。有時你要自己打拼，工作會斷斷續續。丙年生命宮有帶化權星的人，容易事業有成。否則只會混一生。

戀愛運

（寶瓶座．天同）的人，戀愛很挑剔。特愛氣質好及知識水準高的人做對象。過於理想化。厭惡粗俗、愚笨的人。但你們經常被人唬嚨、欺騙，你們外表溫和、內在固執，要小心碰到恐怖情人，被傷害性命。

金錢運

（寶瓶座．天同）的人，錢財起伏不定。因工作斷斷續續。你們要長久工作，錢財才能穩定。有些人不工作，靠父母長輩養他，就會窮窮得過。你們的財運是薪水族格局，一生財富不多，但會順應環境生活。此星座的人在秋天時會神清氣爽，生財多、享福多。

事業運

（寶瓶座・天同）的人，必定做薪水族的工作。通常家族普通，可一面工作，一面玩樂。有化權在命宮時，有人會把老闆的位置白白送給你，讓你不費吹灰之力當上老闆或高級主管。自然是用你當擋箭牌，要過嚴重的關卡。不過，你是天生的福星，有好運及世故，在人際關係很能幹，能化解企業機構的災難，業務會上升。此星座的人運氣普通。你人生有起伏是因心情問題。

健康運

（寶瓶座・天同）的人，身體健康，但要小心肺部、支氣管炎、大腸癌、免疫能力下降、耳朵、肝腎、腰痠背痛、淋巴系統、泌尿系統，內分泌系統都要小心。

磁場相合的星座與命格

（天秤座・太陰）♥♥♥♥♥
（雙子座・天梁）♥♥♥♥
（射手座・機巨）♥♥♥♥
（寶瓶座・日月）♥♥♥♥

不想與其溝通的星座與命格

（天蠍座・貪狼）

（天蠍座・貪狼）的人各有繁複的心思，營謀貪赧露相，（寶瓶座・天同）的人，常感覺被欺負，不願來往，對他很煩感，不想理他。

寶瓶座＋同陰命格的人

命運特質

（寶瓶座・天同、太陰）的人，是出生在大寒經立春到雨水間節氣的時節。初春木氣盛。天同與太陰都屬水，春水休囚洩弱。此命格的人，會忽冷忽熱，活潑的時候少，憂鬱懶散的時候多。你們要到秋天時就會溫柔美麗、亮眼。也會勤奮愛工作，財運也好，享福與戀愛也順利。

（寶瓶座・同陰）的人，只愛談戀愛和享福。春夏休囚時會懶散，平常不按牌理出牌，第六感很強，有敏銳的觀察力，這可幫助你們戀愛機會增多。你們的父母不見得多金，家產也少。命格中有貴格的人，能在公務員或大機構步步高升。老闆會如貴人般的照顧你們。你們也可能成為老闆的家人或配偶。

戀愛運

（寶瓶座・同陰）的人，情緒善變。但愛談戀愛、愛享福。此命格的人，外型俊俏美麗，女性會婀娜多姿，胸部豐滿。男性會體型好。你們精通戀愛術，很會侍候戀愛對象。能得到很大的財運。艷遇及戀愛對象能照顧你們的生活與財富。

金錢運

（寶瓶座・同陰）的人，本身財運是薪水族的格局。上班只是表面樣子，你們會有戀愛生財資本，有美麗及姣好的外型，通常你們在找多金的對象，談個戀愛就有財富進帳。牛、羊年還有爆發運，衰運時會有貴人救你們於窮困。你們能比別人享受較多的物質享受。

事業運

（寶瓶座・同陰）的人，基本上無事業。工作是薪水族的格局。做公務員或薪水族的文職工作最佳，通常窮的時候才工作。談戀愛時就享福不工作。如果命格中有權、祿、科的人，可找到大企業家做貴人對象，享受層級高。有『馬頭帶箭』格的人，很能鬥爭及掠奪，這是能成功達成使人生爬上最高峰的格局。可做法務部長及威震沙場的大將軍。

健康運

（寶瓶座・同陰）的人，身體都健康。要小心腎臟癌和肺癌的問題、膀胱不好、淋巴系統、泌尿系統、傷風感冒、乳癌、生殖系統的問題。

磁場相合的星座與命格

（天秤座・太陽） ♥♥♥♥♥

（雙子座・天梁） ♥♥♥♥

（射手座・機梁） ♥♥♥♥

（寶瓶座・陽巨） ♥♥♥♥

不想與其溝通的星座與命格

（獅子座・廉貞）

（獅子座・廉貞）的人固執，又有控制慾，（寶瓶座・同陰）的人雖會撒嬌，但也討厭，彼此看不慣。

寶瓶座＋同梁命格的人

命運特質

（寶瓶座‧天同、天梁）的人，是出生在大寒經立春到雨水間節氣的時節。初春木氣盛。天同屬水，春水休囚衰弱。天梁屬土，春土虛浮衰弱。此命格的人，會忽冷忽熱，愛享福，未必有福可享。有時活潑有時憂鬱懶散。喜歡動口不動手，也不喜人管。

（寶瓶座‧同梁）的人，智謀多，但做事沒恆心，愛玩樂，喜歡管閒事。喜歡聊天擺龍門陣，會打破砂鍋問到底。好奇心很強。求知慾也強，只關心一些雞毛瑣碎之事。基本是薪水族。有貴格的人可教書、做職員。另有一些人會靠人吃飯。

戀愛運

（寶瓶座‧同梁）的人，愛聊天，愛找能打情罵俏的對象，相互挑逗談戀愛。你們會用賺錢手法來勾搭異性。或帶些無賴風趣的手段，是你們的拿手絕活。婚後仍不斷曖昧。夫妻間爭吵多，會反覆吵吵合合。

金錢運

（寶瓶座‧同梁）的人，是薪水族。愛到處鑽關係，想找人提攜升職，或給發財的機會，常不能如願。你也想找有錢的配偶少奮鬥十年。也無法如願。

事業運

（寶瓶座・同梁）的人，天命就是玩樂享福。能靠聰明智慧得到工作，但做不長久，你並不真愛工作。最適合開民宿，或遊樂園，或賭場。若有發明的能力，會在如食品類、零食業，或玩樂場所工作。夏天及火年你們的工作有發展，能得財。

健康運

（寶瓶座・同梁）的人，身體健康，但要小心脾胃、膀胱的毛病、腎虛、糖尿病、免疫能力失調、大腸、耳朵及肺部、氣管炎、感冒等疾病。

磁場相合的星座與命格

（天秤座・太陰）♥♥♥♥♥

（雙子座・天機）♥♥♥♥

（射手座・天相）♥♥♥♥

（寶瓶座・巨門）♥♥♥♥

不想與其溝通的星座與命格

（雙魚座・同陰）

（雙魚座・同陰）的人同樣嬌貴，要對方來侍候他，（寶瓶座・同梁）的人也懶得動手，相互惹人討厭。

寶瓶座＋同巨命格的人

命運特質

（寶瓶座‧天同、巨門）的人，是出生在大寒經立春到雨水間節氣的時節。初春木氣盛。天同、巨門都屬水，春水休囚衰弱。此命格的人，平常就懶洋洋了，提起玩樂、享福之事，就興奮起來。你對人忽冷忽熱，喜歡管閒事，但對朋友不會推心置腹。對人常有懷疑心，一生也是非多。

（寶瓶座‧同巨）的人，在家中有父母護衛。兄弟姐妹不合。命坐丑宮的人，婚姻運好。你們易靠人生活。有貴格的人，有高學歷，生活無虞。有『明珠出海』格的人，命格也主貴，可讀書考試第一名，亦可被貴胄層級的皇族家庭選為駙馬的人。會有富貴人生。（※『明珠出海』格請參考法雲居士所著《使你升官發財的『陽梁昌祿格』》一書。）

戀愛運

（寶瓶座‧同巨）的人，會高手級的戀愛。你們會哄人、吹噓，會攀附顯貴。你的配偶更高與你會逢迎交際，能幫助配偶的前程。你們一體，愛錢、愛權。相互搭檔。

金錢運

（寶瓶座・同巨）的人，你們本身賺錢少。主要是靠父母及配偶給錢。老年靠子女。有時，也能打零工。偶而你們也會靠跟朋友交際辦活動來賺外快。

事業運

（寶瓶座・同巨）的人，無事業運，會享福、玩樂。會玩樂辦活動，當作工作。若大運不濟，就窮困過日子，自己也要打工賺錢了。有時你會也想發奮，但不長久。有貴格的人能做公務員。

健康運

（寶瓶座・同巨）的人，健康不佳。中年以後要小心耳朵、心臟及內分泌有問題、淋巴系統、消化系統的病症，或膀胱、腎臟、生殖系統的開刀手術。

磁場相合的星座與命格

（天秤座・太陰）♥♥♥♥♥
（雙子座・天機）♥♥♥♥
（射手座・太陽）♥♥♥♥
（寶瓶座・太陰）♥♥♥♥

不想與其溝通的星座與命格

（金牛座・紫殺）

（金牛座・紫殺）的人討厭沒工作能力的人。（寶瓶座・同巨）的人與他談不來，彼此看不慣。

寶瓶座＋廉貞命格的人

命運特質

（寶瓶座‧廉貞）的人，是出生在大寒經立春到雨水間節氣的時節。初春木氣盛。廉貞屬火，春火母旺子相，頗旺。此命格的人，具有敏銳的觀察力，及推斷能力，富有開拓及冒險精神。

（寶瓶座‧廉貞）的人，凡事愛營謀，內心有貪念佔有慾強。你們愛打拚，行動力也算強。你們的財運很好，事業運也挺好，能賺較多的錢。命格中有貴格的人，能有大成就。你適合做軍警武職或公務員，能做到中等官吏等級。如果做生意也可做到中小企業的老闆等級。你們醉心政治，喜歡掌權，因此會參加政黨涉足政治。

戀愛運

（寶瓶座‧廉貞）的人，桃花強，但無情趣。會說好聽的話。你們愛去聲色場所，喜歡風花雪月、貪戀酒色。你們跟風塵場所的人很對味。也愛跟政治人物結親。

金錢運

（寶瓶座‧廉貞）的人，財運不錯。很會營謀及塑造人際關係，喜歡搞錢，能多增財富。中年怠惰，大運變差了，工作也不順了。財務會吃緊。陰男陽女逆時針行大運的人會老年較富裕。陽男陰女順時針行大運的人會老年辛苦。要及早積蓄才行。

事業運

（寶瓶座・廉貞）的人，愛賺錢，喜歡營謀事業。每天耗費心思的為賺錢努力或打拼。你們醉心政治，又愛錢。善於營謀爭鬥。大部分人會是小商人命格，或是中階主管的人。命格中有貴格的人，才會有大成就。能富貴都有。

健康運

（寶瓶座・廉貞）的人，身體康健，很耐操。但要小心肝腎和消化系統的毛病。要小心糖尿病、胃病、以及血液的問題，常捐血會有利自己健康。

磁場相合的星座與命格

（天秤座・紫相） ♥♥♥♥♥

（雙子座・武府） ♥♥♥♥

（射手座・貪狼） ♥♥♥♥

（寶瓶座・擎羊） ♥♥♥♥

不想與其溝通的星座與命格

（金牛座・七殺）

（金牛座・七殺）的人更會賺錢，和鬥爭。（寶瓶座・廉貞）的人比不過、也鬥不過他，彼此看不慣。

寶瓶座＋廉府命格的人

命運特質

（寶瓶座・廉府）的人，是出生在大寒經立春到雨水間節氣的時節。初春木氣盛。廉貞居平火稍旺一點，天府屬土，春土虛浮衰弱。故此命格的人，懶散的時後多。對人忽冷忽熱，作事沒恆心。不愛牌理出牌。廉府的人本來喜歡交際應酬的，但有時會缺乏熱情，讓人感覺出難以推心置腹、不熱絡的樣子。

（寶瓶座・廉府）的人，內心小氣吝嗇，思想和常人不一樣。你們能不顧世俗看法去賺錢。但未必存得住錢。你們跟父母、兄弟感情好，卻和配偶、子女的感情差。你們也少有貴格，以主富為主。老時也會生活平順。一生易有多次婚姻。

戀愛運

（寶瓶座・廉府）的人，有前衛思想觀念。你們以錢為重，用錢來衡量感情。打破傳統的世俗框架，你們會找到價值觀不同的情人或配偶。婚姻運不佳。老年時會孤獨。

金錢運

（寶瓶座・廉府）的人，財運普通。只為自己花錢，買最高級的物品自用。你們會保持身上有一些流動的現金。實際未必有錢。

事業運

（寶瓶座・廉府）的人，工作運不錯，能賺衣食之資。你們工作還算努力，只是不易存錢。有人愛做政治、銀行業、金融業、保險業，業績很好，但未必會存錢。你們愛拉關係及送禮，朋友會對你們賺錢上有很大的幫助。此命格的人有貴格的人少，多半要先成為富翁，才得增貴。

健康運

（寶瓶座・廉府）的人，身體健康。但要小心手足之傷、肝腎毛病、子宮、輸卵管、輸精管、攝護腺等問題。也要小心血液的問題。

磁場相合的星座與命格

（天秤座・武相）♥♥♥♥♥

（雙子座・紫微）♥♥♥♥

（射手座・七殺）♥♥♥♥

（寶瓶座・陽梁）♥♥♥♥

不想與其溝通的星座與命格

（天蠍座・破軍）

（天蠍座・破軍）的人鬥爭很厲害，耗財更多，（寶瓶座・廉府）的人怕被牽連，彼此看不慣。

寶瓶座＋廉相命格的人

命運特質

（寶瓶座‧廉貞、天相）的人，是出生在大寒經立春到雨水間節氣的時節。初春木氣盛。廉貞屬火居平，稍旺。天相屬水，春水休囚較弱。此命格的人，能享福不多，也未必勤勞。對人會忽冷忽熱，缺乏熱情。懶散的時後多、夏秋之際會奮發，有精神。

（寶瓶座‧廉相）的人，具有敏銳的觀察力，想法過於理想化。特別相信自己的判斷，但家中兄弟姐妹是非爭執多。家中也會有經濟問題要解決。你們常不按牌理出牌，也難和家人推心置腹，跟配偶也相互不了解，有爭執。不過你是個老好人。最終生活是平順的。

戀愛運

（寶瓶座‧廉相）的人，較冷漠、缺乏熱情，不了解異性，一付老實相，愛人卻不表現出來，會讓戀人與配偶誤會。但是炙手可熱的好對象。

金錢運

（寶瓶座‧廉相）的人，財運還不錯，個性節儉保守。你們會選擇賺錢的工作來做。做金融借貸業或百貨業。賺錢輕鬆。在龍年、狗年有爆發運，能有大財富。你們較注重衣食好壞。

事業運

（寶瓶座・廉相）的人，其事業運就在『武貪格』爆發運上，較愛賺錢，爆發運正常會爆發大財富。只要到龍年、狗年，工作上必然爆發。你們要逢火而發，財富會大。你適合做複雜、雜亂、或糾纏在一起、機件多、或手續繁多複雜的工作。環境很亂，或破破爛爛的，是你們的工作場所。例如政治圈、議會，印刷廠、汽車修理廠、軍警業等。

健康運

（寶瓶座・廉相）的人，還算健康。有手足之傷，肝腎的毛病。糖尿病、免疫能力較差，以及血液的問題。地中海型貧血等。有擎羊同宮或相照的人，有『刑囚夾印』格，會有免唇、傷殘，需要多次開刀手術。

磁場相合的星座與命格

（天秤座・武曲）♥♥♥♥♥
（雙子座・紫府）♥♥♥♥
（射手座・破軍）♥♥♥♥
（寶瓶座・天梁）♥♥♥♥

不想與其溝通的星座與命格

（雙魚座・巨門）

（雙魚座・巨門）的人聰明智商高，喜歡辯論與搞怪，（寶瓶座・廉相）的人易被整，也難說服他。

寶瓶座＋廉殺命格的人

命運特質

（寶瓶座・廉貞、七殺）的人，是出生在大寒經立春到雨水間節氣的時節。初春木氣盛。廉貞屬火居平，稍旺。七殺屬金，春金休囚氣弱。故此命格的人，性格憂鬱懶散的時間多，活潑的時間少。心情低落時很陰沉，較兇。你們性格節儉，對人有懷疑態度，難相處。不過，有開拓及冒險精神。

（寶瓶座・廉殺）的人，若有貴格的人，會讀書好，未來有成就。命格中有『刑囚夾印格』，會有血液的病症，健康有問題，若是丙年生再有『廉貞化忌』，會有傷殘現象。正常的廉殺的人，生活節儉，有家產，生活無憂。

戀愛運

（寶瓶座・廉殺）的人，婚姻運與戀愛運還不錯。可有能做幫手的對象來做配偶。若相親結婚，也能會找到相配的好配偶。運氣很好。你們會找福星來幫忙打理家中，特別要體諒及會照顧人的人，太懶的人你們不想要。

金錢運

（寶瓶座・廉殺）的人，財運不錯，有賺錢的好運氣。也肯吃苦打拼，做軍警業或粗活能擁有極高的薪資。能蓄積財富。你們會不怕髒亂、髒臭、做辛苦卓絕、或與血光有關，救難或處理屍體等的工作，毫不懼怕。若做文職工作收入少，會較窮。

事業運

（寶瓶座・廉殺）的人，會做辛苦又職位不高的工作。如軍警職、救難隊等。其次是危險、髒亂或衝鋒陷陣的工作。你們不怕血腥、髒亂，會從事有專業技術的工作。是一般人也不敢做的工作，故賺錢多。文職會窮。

健康運

（寶瓶座・廉殺）的人，普通還健康。但要小心心臟病、血管及血液的毛病。肺部、大腸及車禍的傷害。有擎羊的才易有血液的病及車禍。

磁場相合的星座與命格

（天秤座・紫貪）♥♥♥♥♥
（雙子座・天府）♥♥♥♥
（射手座・武破）♥♥♥♥
（寶瓶座・太陰）♥♥♥♥

不想與其溝通的星座與命格

（雙魚座・破軍）

（雙魚座・破軍）的人，常假惺惺，又暗自鬥爭。（寶瓶座・廉殺）的人超煩感，不去招惹他。

寶瓶座＋廉貪命格的人

命運特質

（寶瓶座・廉貞、貪狼）的人，是出生在大寒經立春到雨水間節氣的時節。初春木氣盛。廉貞屬火居陷，稍旺。貪狼屬木居陷，木氣也稍旺。此命格的人，雖然會忽冷忽熱，但活潑的時候會多一些。憂鬱懶散的時後少一些。你們經常人際關係差，自以為風趣。實則口直心快，說話難聽。喜歡多管閒事，自己份內的事做不好，是非很多。

（寶瓶座・廉貪）的人，易有邪桃花，更喜歡與酒色財氣為伍。若有『火貪格』或『鈴貪格』的人，會有爆發運，從武職能得大富貴。若有貴格的人，會有高學歷與大成就。你們夏天運氣好。

戀愛運

（寶瓶座・廉貪）的人，是注重外貌及性能力的人。愛情不穩定，常換男女朋友。要找到真正喜歡的對象才會黏上去。最終你會找到多金、會理財的配偶。

金錢運

（寶瓶座・廉貪）的人，無法賺大錢，財運不佳、浪費多。年輕時你們以酒色財氣生活，中年以後，會被配偶管，你們是『妻管嚴』的人，財務也被管。

但能有積蓄。配偶很會存錢理財，也照顧你們的生活，夫妻感情好。

事業運

（寶瓶座・廉貪）的人，做軍警業（武職）佳，有『火貪格』、『鈴貪格』的人能成就大事業及大富貴。做文職的人會財窮。此命格的人，有貴格，會有高學歷，也能做高科技、電腦類的工程師，會吃技術飯。也能在學校教書。若不工作的人會靠人吃飯。你們人緣不佳，無法做業務工作，會業績不好。

健康運

（寶瓶座・廉貪）的人，身體還健康，但要小心手足受傷，肝腎的毛病、性病、及腸胃等消化系統、神經失調、內分泌失調的毛病。

磁場相合的星座與命格

（天秤座・天府）❤❤❤❤❤

（雙子座・紫破）❤❤❤❤

（射手座・紫相）❤❤❤❤

（寶瓶座・武殺）❤❤❤❤

不想與其溝通的星座與命格

（雙魚座・天機）

（雙魚座・天機）的人很情緒化、智商高、對人挑剔，（寶瓶座・廉貪）的人自嘆不如，彼此不合。

寶瓶座＋廉破命格的人

命運特質

（寶瓶座・廉貞、破軍）的人，是出生在大寒經立春到雨水間節氣的時節。初春木氣盛。廉貞屬火居平，稍旺。破軍屬水，春水休囚衰弱。且水火相剋。此命格的人，會對人忽冷忽熱，做事不按牌理出牌。有時懶散不起勁，破財更多，會窮忙，或不喜工作。謀劃能力較差，破耗大，身體也易受傷。

（寶瓶座・廉破）的人，凡事缺乏熱情，愛多管閒事，又無法有始有終。會做艱辛或危險的事，說話狂妄。你們在牛、羊年有偏財運會爆發，能多得大財富。會爆起爆落。此命格的人，命中有貴格的人少。愛做競爭性強、多惡鬥與髒亂的工作。

戀愛運

（寶瓶座・廉破）的人，是戀愛獵人，但會有些懦弱又不守社會規矩、常突破常規戀愛。或突破家世及身分地位談戀愛。更會為經濟目的展開戀愛，你會用盡心機的追求目標對象。多次婚姻習以為常。

金錢運

（寶瓶座・廉破）的人，財運還好，耗費錢財多，常對自己大方，對別人小氣吝嗇。會做軍警職，文職會賺錢少。在牛、羊年會有爆發運，能爆發大財富。你們會花錢，也能存家財。

事業運

（寶瓶座・廉破）的人，能突然升官發財，在工作上會具有爆發運，是『武貪格』，必須做武職或從商能爆發很大。爆發時間在丑、未年，能得到大財富。做文職會爆發小。人生會爆起爆落，有貴格的人能做大事業。

健康運

（寶瓶座・廉破）的人，中年有病傷。要小心頭臉有破相，手足傷災、車禍、開刀，肝腎問題、糖尿病、免疫能力失調、脾胃及大腸的毛病，也要小心淋巴癌和血液的問題。

磁場相合的星座與命格

（天秤座・紫相）♥♥♥♥♥

（雙子座・武貪）♥♥♥♥

（射手座・天相）♥♥♥♥

（寶瓶座・廉相）♥♥♥♥

不想與其溝通的星座與命格

（金牛座・武府）

（金牛座・武府）的人對錢財吝嗇、怕被刑財，（寶瓶座・廉破）的人兇悍、價值觀不同，彼此看不慣。

寶瓶座＋天府命格的人

命運特質

（寶瓶座•天府）的人，是出生在大寒經立春到雨水間節氣的時節。初春木氣盛。天府五行屬土，春土休囚洩弱。此命格的人，夏天會較活潑，冬天較憂鬱懶散。生在寶瓶座，賺錢與存錢都不強。你們在工作上稍為缺乏熱情，雖喜歡物質享受，工作普通賣力，會照顧家人。性格有點自私。

（寶瓶座•天府）的人，天府是財庫星。雖天生喜歡存錢，但田宅宮好的人才存得住錢，也有房地產。你們會有固定工作。如果命格中有破財、刑財現象的人，會工作不長久，也會存不住錢，財窮。此命格的人少有貴格，其財帛宮都是空宮，只有努力工作，才能累積財富。

戀愛運

（寶瓶座•天府）的人，戀愛及婚姻運都差。你們先天價值觀和愛情觀和常人不一樣。你們會專挑和自己性格和價值觀反差大的人為對象。一生多次更換情人或配偶。婚姻不美。

金錢運

（寶瓶座•天府）的人，財運並不算好，你們是很愛存錢，賺錢能力並不強。必須要有穩定的工作，才會生活舒適。你們若田宅宮好，能存一些房地產，就能儲存財富。否則仍然窮。

事業運

（寶瓶座・天府）的人，天生愛管錢，喜歡做與財務、金融理財、會計、出納、經濟相關的工作最好。也有自營開店營生的，還有些人會做軍警業、公務員，或者進演藝圈、或開舞蹈教室、瑜珈教室等。你們能工作運穩定，自成為小金庫，長年積蓄，一輩子生活無虞。

健康運

（寶瓶座・天府）的人，身體健康，要小心脾胃、大腸的問題，此外高血壓、心臟病、肝腎問題、糖尿病、手足傷、膀胱、生殖系統都要小心。

磁場相合的星座與命格

（天秤座・紫微）❤❤❤❤❤
（雙子座・天相）❤❤❤❤
（射手座・七殺）❤❤❤❤
（寶瓶座・武府）❤❤❤❤

不想與其溝通的星座與命格

（金牛座・巨門）

（金牛座・巨門）的人會管錢，口才好、說得天花亂墜，（寶瓶座・天府）的人易上當，彼此看不慣。

寶瓶座＋太陰命格的人

命運特質

（寶瓶座・太陰）的人，是出生在大寒經立春到雨水間節氣的時節。初春木氣盛。太陰屬水，春水休囚洩弱。此命格的人，有時活潑，有時憂鬱懶散。財富並不多，房地產也少。因為太陰不旺。此命格的男性較斯文、有娘娘腔的形態，女性較嫵媚有異性緣。

（寶瓶座・太陰）的人，本命是薪水族，很愛穩定的工作，也愛買房子。你們愛談戀愛。常被戀情所困。也會與家中女性不合。你們雖有時懶洋洋，但很操勞。會以薪水族為主，喜靠收房租維生。命格中有貴格的人，會有高學歷和高地位。命格中有爆發運的人，易有大財富。

戀愛運

（寶瓶座・太陰）的人，超愛談戀愛，但戀愛運多起伏。你們有吸引異性的魅力。多次戀愛、結婚。端看各人的造化變化而定。

金錢運

（寶瓶座・太陰）的人，夜生人會加分，財運稍好。會理財，戀愛時間也久。白日生人算是居陷的，會財富更少一點。你們愛買房地產來存錢。你們和銀行的關係好，能儲蓄更多錢。

事業運

（寶瓶座・太陰）的人，愛存錢及買房子，為此便要工作穩定，強力打拼。你們多半做文職，或是跟銀行、金融機構有關。或公務員、企業職員。即使自己開店、做老闆、或開公司都會固定上下班和拿薪資。你們會在錢財上清楚算帳。有爆發運的人會事業大成功與成為富翁。有貴格的人有大事業。

健康運

（寶瓶座・太陰）的人，身體健康，但要小心脾胃、大腸、肺腺癌，肝腎或淋巴系統的毛病。也要注意生殖系統、乳癌、子宮或精囊、性病等問題。還有四肢酸痛的問題。

磁場相合的星座與命格

（天秤座・太陽）♥♥♥♥♥

（雙子座・天機）♥♥♥♥

（射手座・貪狼）♥♥♥♥

（寶瓶座・巨門）♥♥♥♥

不想與其溝通的星座與命格

（天蠍座・武曲）

（天蠍座・武曲）的人過於剛直吝嗇。（寶瓶座・太陰）的人情緒難以控制，彼此看不慣。

寶瓶座＋貪狼命格的人

命運特質

（寶瓶座‧貪狼）的人，是出生在大寒經立春到雨水間節氣的時節。初春木氣盛。貪狼五行屬木，故極旺。此命格的人，好運超多。你們會看情況對人熱情，有時也會隨自己的高興而懶散，人緣不錯。有時有些貪赧，愛亮麗浮華及肆意表現。若有『火貪格』或『鈴貪格』的人會有暴發運，能多得財富。

（寶瓶座‧貪狼）的人，做軍警業最佳，升官快，上司會罩他。或做文教事業，發富少。命格中有貴格的人，會有大事業。你們超有好運，即使在戰爭中，也會有好運，爆發富貴及好運。

戀愛運

（寶瓶座‧貪狼）的人，戀愛運與配偶運極佳。你們超有戀愛技術，手段極好。會找到多金的戀人和配偶。你們對朋友不能推心置腹，但希望戀人或配偶瞭解自己。你肯定會擁有有助你的事業和多金的配偶。

金錢運

（寶瓶座‧貪狼）的人，財運特佳。能過豪華日子。賺錢也多。你們難以節制和節省，也無法過苦日子。天生愛享受。不會存錢及理財。長輩父母會遺留家產給你，配偶也帶財富給你。若有『火貪格』、『鈴貪格』的人會爆發大財富。你就是天生來享受的。

事業運

（寶瓶座・貪狼）的人，在工作上必須創造大功業。適合做軍警武職，會發得大，能做大事及大將軍。做文職發得小。做文教業，稍窮。貪狼本是好運星，你在小時候有好運，中年以後會打拼成功。有貴格的人，會名揚四海。有爆發運的人，能有大富貴。

健康運

（寶瓶座・貪狼）的人，身體健康。但要小心消化系統及神經系統的毛病，心臟病、高血壓，手足痠痛的問題，和性病。生殖系統的毛病。

磁場相合的星座與命格

（天秤座・紫府）♥♥♥♥♥

（雙子座・武曲）♥♥♥♥

（射手座・天相）♥♥♥♥

（寶瓶座・天府）♥♥♥♥

不想與其溝通的星座與命格

（牡羊座・巨門）

（牡羊座・巨門）的人愛引起是非，造成混亂。（寶瓶座・貪狼）的人不喜歡別人管，彼此看不慣。

寶瓶座＋巨門命格的人

命運特質

（寶瓶座‧巨門）的人，是出生在大寒經立春到雨水間節氣的時節。初春木氣盛。巨門五行屬水，春水休囚洩弱。此命格的人，有時活潑，有時憂鬱懶散。你們口才好、愛吃、愛講話表現，佔有慾強，平常對人不熱情。也會說假話騙人。高興時與人抬槓，是非口舌很多。

（寶瓶座‧巨門）的人，愛管閒事。愛拜鬼神。你們很聰明，命格中有貴格的人，會讀書能有大富貴。沒有貴格的人，會一生起伏坎坷。成年後命運才會轉好。也有些人會有爆發運，成就與財富會比別人多。命格中有化權的人，能有說服力，從政能掌權。

戀愛運

（寶瓶座‧巨門）的人，是戀愛獵人，超會談戀愛，會用心機追求異性，從小便口才一流追求戀愛對象。必定會人財兩得，找到美麗的配偶，並帶妻財給他。一生幸福。

金錢運

（寶瓶座‧巨門）的人，財運普通，是個上班族，靠口才或是非吃飯，還要會存錢儲蓄才行。有爆發運的人也能發富。你們都會享受高級生活，捨得買高級品來用。但你們的財只是薪水之財。有些是父母配偶給的，或儲存的錢。你們會大膽的投資或賭博，如收高利貸，或做股票、期貨、或政治投資等，有些也會和黑道有關，致富有道。

事業運

（寶瓶座・巨門）的人，其工作運是薪水族。可做房屋仲介、保險仲介、傳銷、教師、律師的人很多。其他如業務員、法官，金融操作員，或和黑道有關，很會賺錢。有貴格的人能成為政府官員，或民意代表，有爆發運者地位高。

健康運

（寶瓶座・巨門）的人，身體建康。但要小心消化系統、大腸的問題、淋巴系統、血液、尿道、及內分泌系統、淋巴癌、耳朵、心臟等問題。

磁場相合的星座與命格

（天秤座・太陰）♥♥♥♥♥
（雙子座・天機）♥♥♥♥
（射手座・同梁）♥♥♥♥
（寶瓶座・太陽）♥♥♥♥

不想與其溝通的星座與命格

（獅子座・廉破）

（獅子座・廉破）的人驕傲又說話油滑，愛調侃人。（寶瓶座・巨門）的人不願受諷，懶得理他。

寶瓶座+天相命格的人

命運特質

（寶瓶座‧天相）的人，是出生在大寒經立春到雨水間節氣的時節。初春木氣盛。天相屬水，春水休囚衰弱。此命格的人，會有時活潑，有時憂鬱懶散。天相居弱，勤勞的福星也會懶散，福氣也較弱。衣食享受上也較少。公平、正直、公正，都會懶得管。

（寶瓶座‧天相）的人，平復環境中的是非紛爭與窮困的能力，也較弱。你為家庭或環境中生財的能力也較弱。你對人有懷疑態度，跟朋友無法推心置腹。做時沒恆心。也缺乏熱情。秋天時，你的運氣會大開，財運和活動力都會強。有貴格的人，能造福百姓，在政府機關工作。

戀愛運

（寶瓶座‧天相）的人，你們有自己的戀愛標準。你們喜歡大膽及有點誇張的人，容易被外在的假象矇騙。通常你們的外在環境都複雜，對情人或配偶瞭解不夠，婚姻不美。但是本性懦弱的天相，反而可找到強勢會賺錢的配偶。

金錢運

（寶瓶座‧天相）的人，財運不錯。精於理財，很會存錢。你們喜歡做算帳或金融業，喜歡親手摸錢、數鈔票。有些人的父母會給家產，你們能享用財富還很多，生活平順。

事業運

（寶瓶座・天相）的人，工作做做停停，會斷斷續續，但你們會找一個地方固定的待著，穩定的努力打拼。性格老實勤儉，聽話，職位不高，會負責任做事。你們只會為生活打拼，不計較職位的高低。有爆發運的人會賺更多。

健康運

（寶瓶座・天相）的人，健康可以。但要小心高血壓、頭痛、泌尿系統、膀胱、內分泌系統、糖尿病、耳朵、腎臟、淋巴系統的問題。

磁場相合的星座與命格

（天秤座・天府）♥♥♥♥♥
（雙子座・同梁）♥♥♥♥
（射手座・天同）♥♥♥♥
（寶瓶座・紫破）♥♥♥♥

不想與其溝通的星座與命格

（金牛座・武殺）

（金牛座・武殺）的人固執、頑固，不會理財，還要別人聽他的。（寶瓶座・天相）的人愛理財及創新，不喜古板老套，彼此看不慣。

寶瓶座＋天梁命格的人

命運特質

（寶瓶座‧天梁）的人，是出生在大寒經立春到雨水間節氣的時節。初春木氣盛。天梁五行屬土，春土休囚洩弱。此命格的人會氣弱。天生的蔭庇會減少一點，復建的力量，也減少。但外形厚重，善良，有宗教信仰。需有火來引化，能有好運及大成就。

（寶瓶座‧天梁）的人，有貴格『陽梁昌祿格』的人，會成就高。能靠此格來讀書致仕，有高收入。命宮在巳、亥宮居陷的人，易四處飄零，愛玩。無法有成就。命格中有爆發運的人，會有成就及發大富貴。

戀愛運

（寶瓶座‧天梁）的人，喜歡愛說話的對象。也喜歡難追的對象，這樣你們才會有征服感。所以愛情上是非多、或多角戀愛糾纏不清。婚後，發覺配偶難搞，囉嗦又愛吵鬧，經常吵架不合或離婚。

金錢運

（寶瓶座‧天梁）的人，只是領月薪的人，為上班族。有貴格的人會成就高、賺錢多。沒有貴格的人只是普通上班族。有爆發運的人會增富。此命格的人，必須要出名才有大富貴。否則做廟公、牧師、神父也能生活。

事業運

（寶瓶座・天梁）的人，愛穩定工作。你們做事有規矩，會按部就班的努力。會經過考試而升等。有貴格的人會做技術官僚或科技類高階主管、也可做老闆。有些會做作家、或做廟公、牧師等。有爆發運的人會爆發財富。你們適合的行業有教書、宗教業、慈善業、醫療業、護理師、照護等工作。

健康運

（寶瓶座・天梁）的人，身體健壯。但要小心脾胃問題、肺部、支氣管炎、感冒、大腸、糖尿病、免疫能力等問題。

磁場相合的星座與命格

（天秤座・太陽）♥♥♥♥♥

（雙子座・同陰）♥♥♥♥

（射手座・太陰）♥♥♥♥

（寶瓶座・機巨）♥♥♥

不想與其溝通的星座與命格

（天蠍座・武破）

（天蠍座・武破）的人陰險愛拼命，善於鬥爭。（寶瓶座・天梁）的人不想跟他有衝突，人生觀和價值觀不同，彼此看不慣。

寶瓶座＋七殺命格的人

命運特質

（寶瓶座‧七殺）的人是出生在大寒經立春到雨水間節氣的時節。初春木氣盛。七殺屬金，春金受剋很弱。此命格的人，時常憂鬱懶散，很少活潑。低落時，悶不吭聲，懶洋洋。容易跟人做對，處事上更硬。不聽他人意見。錯也要錯到底，獨斷獨行。你們做事雖肯負責任，但損失的代價太大。

（寶瓶座‧七殺）的人身體健康較弱，需要小心肺部與大腸的癌症、車禍。你們特愛做老闆，不喜歡被人指使工作。須要強力打拼及奔波才有錢賺。此命格的人會有貴格的人少，愛賺錢。有爆發運的人，能成為大富翁。你們一生要重視健康，開刀、車禍、傷災、病症會纏上你們。

戀愛運

（寶瓶座‧七殺）的人，是戀愛獵人，目標很明確。看上了就緊追不捨。喜速戰速決的佔為己有。分手時也很乾脆，不會糾纏不清。你們心中早已有喜歡的情人類型，找到配偶很容易。的配偶運佳，夫妻合睦。

金錢運

（寶瓶座‧七殺）的人，財運特佳。愛賺錢，機會也好。你們對金錢還算有敏感力，會知道賺錢方向，打拼後會有好的進帳。你們大多有爆發運，幾年一次的爆發運易擁有大財富。父母也會留財產給你們，故易為億萬富翁。配偶也會幫你理財、當幫手。財富能增多。

事業運

（寶瓶座・七殺）的人，愛做自己喜歡的行業。須要努力，事業運順利。你們肯負責任，有擔當。做軍警職能立大功，得到權力與地位。做文職會窮。有爆發運的人，會立大功，擁有大富貴。若從商，能賺到大財富。此命格的人大多缺乏貴格，能讀書致仕的人少。但是你們若能趁大運好，靠爆發運，有積極的奮鬥目標，也會功成名就。

健康運

（寶瓶座・七殺）的人，幼年身體弱，易感冒生病。長大就好了。但要小心很多傷災、車禍及開刀，還有大腸癌、肺癌，支氣管炎、免疫能力、高血壓、糖尿病等的問題。

磁場相合的星座與命格

（天秤座・紫府）♥♥♥♥♥
（雙子座・武府）♥♥♥♥
（射手座・廉府）♥♥♥♥
（寶瓶座・天府）♥♥♥♥

不想與其溝通的星座與命格

（雙魚座・陀羅）

（雙魚座・陀羅）的人智商與能力都低，ＥＱ也低。（寶瓶座・七殺）的人很不耐煩，彼此看不慣。

寶瓶座＋破軍命格的人

命運特質

（寶瓶座•破軍）的人，是出生在大寒經立春到雨水間節氣的時節。初春木氣盛。破軍五行屬水，春水休囚洩弱。此命格的人，活潑時較少，憂鬱懶散時較多。奮鬥力不強。你們的命格屬於改革開創的格局，但此時你並不想積極創建什麼。更討厭遵行制度。

（寶瓶座•破軍）的人，時常說話狂妄，會懷疑心重，對人缺乏熱情。你的人生常起伏。若有爆發運的人，能有事業成功的大富貴。破軍坐命的人，身體很破，是一大問題。要小心傷災和病痛。老年多病，壽命不長。有貴格的人，會事業有成，能主貴。但病不一定富有。主富的人，卻不一定能主貴。

戀愛運

（寶瓶座•破軍）的人，有極好的戀愛運和配偶運。你們是戀愛獵人及老手，在追求戀愛方面會不按牌理出牌，突破現實的條件，很快和戀人直接上床。你們也可不顧雙方的婚姻關係，及社會規範，戀愛速決。但婚姻是否幸福，因人而定。

金錢運

（寶瓶座•破軍）的人，其財運好壞看努力打拼程度，吉兇難定。此星座的人是較懶散的。雖然好運在工作上。若多打拼努力一點，財運較好。做軍警業的人，可立戰功、賺大財富。做文職會較窮。此星座的人稍會享福，生活還算順遂。有爆發運的人能得到大財富。有貴格的人，會有高地位及掌權機會，為政府官員。你們善於爭鬥賺錢。

事業運

（寶瓶座・破軍）的人，工作上好運極多。做軍警業，立戰功，會有大富貴。此命格的人金水年會戰鬥力旺盛，大運好。你們善於鬥爭、做兇險性高、工作雜亂、艱險複雜多變的工作。有爆發運的人事業多具成就。你們會一生大起大落。辛苦勞碌而成，多生財富。也能享受物質生活很多。

健康運

（寶瓶座・破軍）的人，身體大致健康，但要小心頭臉有破相、中年以後傷災、車禍、開刀等事。因為必有一破，破在健康。也要小心淋巴癌、泌尿系統、內分泌系統、糖尿病等的問題。

磁場相合的星座與命格

（天秤座・武相）❤❤❤❤❤

（雙子座・同陰）❤❤❤❤

（射手座・紫殺）❤❤❤❤

（寶瓶座・紫相）❤❤❤❤

不想與其溝通的星座與命格

（牡羊座・同陰）

（牡羊座・同陰）的人性格衝動超聰明，卻易被愛情騙子騙，（寶瓶座・破軍）的人是獵艷高手，彼此有心結。

寶瓶座＋祿存命格的人

命運特質

（寶瓶座・祿存）的人，是出生在大寒經立春到雨水間節氣的時節。初春木氣盛。祿存五行屬土，春土休囚虛浮，土會洩弱。此命格的人，活潑的時後少，憂鬱懶散的時後多，會懶洋洋。你們是平常不合群話少，命格中有『羊陀相夾』，和父母、兄弟家人都不和。易有被害妄想症及懷疑心。此命格的人命運多舛，會為人養子，或隨母改嫁，或家門凋零，自卑感很深。

（寶瓶座・祿存）的人，被稱『小氣財神』。吝嗇節儉。只顧自己吃飯的錢，不顧他人死活。愛存錢，不肯吃虧。不會發善心去佈施，從來都覺得自己才是世界上最可憐的人。不會救濟他人。你不肯投資，怕被騙。會把現金存在家中和銀行。有貴格的人，也能有事業地位。

戀愛運

（寶瓶座・祿存）的人，很吝嗇，不想追求異性負責任。若被他人追求，被請吃飯、看電影，你才會去。你從不肯出錢。你們也可能相親結婚。婚後的家用也要和配偶相互分擔一半。會因金錢問題而離婚。

金錢運

（寶瓶座・祿存）的人，很吝嗇，是守財奴命格。只重衣食。你們很會存錢，捨不得花用。愛錢如命，重視錢不重親情。自己會工作賺錢。也能得到親生及養父母的遺產。一生節儉過生活，能有房地產可住，無法大富。

事業運

（寶瓶座・祿存）的人，愛工作，也會忠於工作崗位，守本份。會任勞任怨，不會輕易的離職或罷工，也不會隨意請假。深得老闆信賴依靠。你們有專業的專精，是不可或缺的人才。到很老還無法退休。雖然職稱不高，卻是業界的老師傅、業內的翹楚人才，深受尊重愛戴。

健康運

（寶瓶座・祿存）的人，幼年身體不佳，常生病。青少年以後慢慢變強壯。你們多半大腸不好，幼年常感冒，因此要小心大腸癌、肺癌、氣管炎、脾胃不佳、頭部、高血壓、免疫能力和四肢酸痛的毛病。

磁場相合的星座與命格

（天秤座・武曲）❤❤❤❤❤
（雙子座・天相）❤❤❤❤
（射手座・武府）❤❤❤❤
（寶瓶座・紫府）❤❤❤❤

不想與其溝通的星座與命格

（雙魚座・破軍）

（雙魚座・破軍）的人很情緒化，愛浪費錢財，（寶瓶座・祿存）的人很吝嗇，彼此看不慣。

寶瓶座＋擎羊命格的人

命運特質

（寶瓶座・擎羊）的人，是出生在大寒經立春到雨水間節氣的時節。初春木氣盛。擎羊五行屬火金，春金休囚衰弱。此命格的人，是活潑的時後少，憂鬱懶散的時後多。心情低落時，會懶洋洋。你們喜與人競爭，不肯吃虧。

（寶瓶座・擎羊）的人，懷疑心強，從不與人推心置腹。常霸道，會記恨報復。你們是刑剋的命格，講話會語中帶刺，去螫別人。若有『馬頭帶箭格』的人，能做大將軍或法務部長。有貴格的人，也能當大官。有爆發運的人會發得小，因為被刑財。你們更要小心傷災、車禍及開刀。你們與人相處不易。周圍的人常被你們用言語針刺，心懷畏懼。

戀愛運

（寶瓶座・擎羊）的人，佔有慾特強，戀愛不順利。喜歡介入別人感情奪人所愛。亦會用盡手段來得到。得到後未必珍惜。會愛人時，對愛人愛到發狂。不愛時兇狠對待。也會是恐怖情人，對情人殺害或虐待。常有同歸於盡的念頭。

金錢運

（寶瓶座・擎羊）的人，錢財不順。工作易斷斷續續做做停停。常碰到無法按時發薪的狀況，常有困窘。有時會懶惰不工作，有時會做黑道或流氓搶錢。也有人會做啃老族，讓父母養。擎羊做『三把刀』的行業最好，如理髮師、廚師、剪裁師，或外科醫生。做軍警業也最好，會衣食無憂。

事業運

（寶瓶座‧擎羊）的人，做軍警業、或三刀及三師，如理髮師、廚師、剪裁師，或外科醫生、醫療、美容醫療、寵物醫療、開刀有關的行業，能賺大錢。做文職主窮困。還有做喪葬業、垃圾處理、車禍血光、災害救援及解決善後等行業也會賺到錢。你們所做的行業大都是競爭、血光、死亡相關的行業。做與刀、劍相關的行業為佳。

健康運

（寶瓶座‧擎羊）的人，幼年難養，長大後強壯。出生時也會讓母親出血多，很危險。某些人的母親也因生子而亡。要小心車禍、外傷、頭面破相，肝腎的毛病、眼睛不好，容易有開刀現象，肺部、大腸，免疫能力等問題。

磁場相合的星座與命格

（天秤座‧天同）❤❤❤❤❤
（雙子座‧廉相）❤❤❤❤
（射手座‧紫微）❤❤❤❤
（寶瓶座‧同陰）❤❤❤

不想與其溝通的星座與命格

（處女座‧武曲）

（處女座‧武曲）的人吝嗇愛存錢，害怕被刑財，（寶瓶座‧擎羊）的人對財星有刑剋，兩種人價值觀不同，彼此看不慣。

寶瓶座＋陀羅命格的人

命運特質

（寶瓶座‧陀羅）的人，是出生在大寒經立春到雨水間節氣的時節。初春木氣盛。陀羅五行屬辛金，春金休囚衰弱。此命格的人，活潑的時後少，憂鬱懶散的時後多，情緒低落時會懶洋洋。你們頭臉有破相。身體有傷，或駝背。手足傷害、牙齒斷裂等。外表較粗笨，性格頑固，

（寶瓶座‧陀羅）的人，若命宮有『天鉞』同宮，其人相貌會稍俊俏，可愛。看不出笨。你們必須離家，外出奮鬥，會有新人生。你們愛相信陌生人，不相信家人，易幼年被拐騙，與家人分離。一生是非多，難教養，品行不佳、常暗行惡事害人、騙人，又記恨報復。多從事黑道組織。若從正道做軍警職能有大成就。

戀愛運

（寶瓶座‧陀羅）的人，你與擎羊坐命的人是天生絕配。稱做：『鐵杵磨成繡花針。』擎羊是針。陀羅是鐵石。你若和別的命格結婚或戀愛就常不順，易拖拖拉拉，多是非、波折不斷。婚姻也不長久。夫妻易相互打架吵架，爭執不斷。最終離婚。你們常同居，常家暴。家宅不寧。若彼此忍讓，相親相愛過日子，也有幸福人生。

金錢運

（寶瓶座‧陀羅）的人，財運常拖

拖拉拉進帳。也要看工作做多少。易碰到晚發薪水或拖欠薪水，運氣不佳。做軍警業會順利，可立戰功，財運也會好，有爆發運的人，也能得大富貴。做生意肯定失敗。

事業運

（寶瓶座‧陀羅）的人，工作總是斷斷續續做做停停，只有做軍警業才會穩定及成功，也會有積蓄存款。做文職會窮困，失業。命格中有貴格、高的，能做大官。命格低下者會做墓園、喪葬業者，或撿骨師、黑道。工作是會有一票沒一票的做著。

健康運

（寶瓶座‧陀羅）的人，外表大致還好，但會頭面破相，有牙齒的傷害、手足傷，肺部、氣管、大腸、免疫系統有問題，也易生癌症。還有皮膚病或身上長瘤。

磁場相合的星座與命格

（天秤座‧紫微）♥♥♥♥♥
（雙子座‧天同）♥♥♥♥
（射手座‧天相）♥♥♥♥
（寶瓶座‧同梁）♥♥♥♥

不想與其溝通的星座與命格

（雙魚座‧陽巨）

（雙魚座‧陽巨）的人很情緒化，而聒噪賣弄。（寶瓶座‧陀羅）的人討厭酸言酸語，彼此看不慣。

紫微命格論健康

上、下冊

法雲居士⊙著

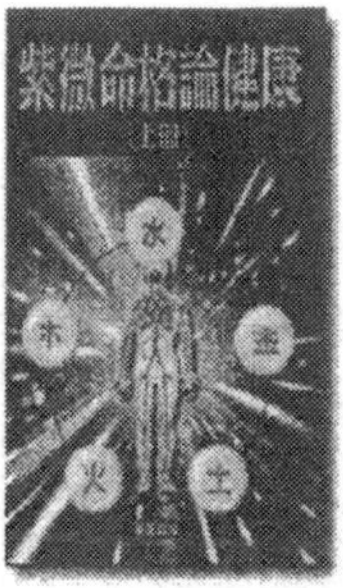

陰陽五行自古以來就是命理學和中國醫學的源頭及理論的重要依據。

命理學和中醫學運用陰陽五行做為一種歸類和推演的規律，運用生剋制化的功能，來達到醫治、看病、養生的效果。因此命理學和中醫學既是相通的，又是同出一源的。

上冊談的是每個命格在健康上所展現的現象。

下冊談的是疾病因命格不同所產生的理論問題。

教您利用流年、流月、流日來看生理狀況和生病日。以及如何挑選看病、開刀，做重大治療的好時間與好方位，提供您保養身體與預防疾病的要訣。

紫微斗數自最能掌握時間要素的命理學。生命和時間有關，能把握時間效應，就能長壽。此書能教您如何保護生命資源，達到長壽之目的。

命理生活新智慧・叢書

紫微斗數全書詳析

《上、中、下、批命篇》四冊一套

◎法雲居士◎著

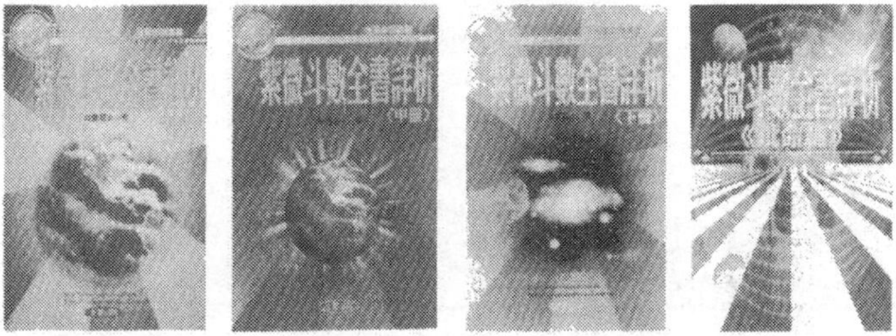

『紫微斗數全書』是學習紫微斗數者必先熟讀的一本書。但是這本書經過歷代人士的添補、解說或後人在翻印上植字有誤，很多文義已有模糊不清的問題。

法雲居士為方便後學者在學習上減低困難度，特將『紫微斗數全書』中的文章譯出，並詳加解釋，更正錯字，並分析命理格局的形成，和解釋命理格局的典故。使你一目瞭然，更能心領神會。

這是一本進入紫微世界的工具書，同時也是一把打開斗數命理的金鑰匙。